LA OTRA ORILLA

JOSÉ LÓPEZ RUBIO

LA
OTRA
ORILLA

COMEDIA EN TRES ACTOS

EDITED BY

ANTHONY M. PASQUARIELLO
Pennsylvania State University

AND

JOHN V. FALCONIERI
Western Reserve University

NEW YORK

APPLETON-CENTURY-CROFTS, INC.

Cover photograph by William Belknap, Jr., from Rapho-Guillumette, New York

Al profesor Irving A. Leonard, maestro y amigo.

Preface

La otra orilla is the first play by José López Rubio to be
edited for the use of students of Spanish since the author's
return to the ranks of contemporary dramatists in 1949.
Within the brief span of eight years, López Rubio's following has grown immensely throughout most of the
Spanish-speaking countries. In the United States, however,
he is little known except to specialists in contemporary
literature. It is hoped, therefore, that this edition will
arouse sufficient interest in the author's theatre to gain for
him the wider recognition he justly merits.

La otra orilla is a swiftly paced and extremely amusing
play. Its unusual theme will appeal to the imagination and
intellect of college students. The dialogue is a model of
conversational style in present-day Madrid. Grammatical
constructions and range of vocabulary are simple enough
to make it suitable for reading in the third semester of
college Spanish.

The text is based on the edition published in *Teatro
español, 1954–55* by Aguilar of Madrid. With the excep-
tion of a few allusions to places or things meaningful only
to a Spanish audience, the present text is a faithful repro-
duction of the original. The notes are designed to facilitate
translation of phrases not readily understood with the aid
of the vocabulary alone. Frequently, these phrases have
been rendered with their English idiomatic equivalents
so as to retain as much as possible the flavor of the original
Spanish expression. Words in the notes are not listed in

the vocabulary unless they appear elsewhere in the text.

Numerous *preguntas* have been supplied to help oral practice and comprehension of the text. To make this exercise more useful and meaningful, each act has been arbitrarily divided into four parts. For each section there is a series of questions, based on the dialogue or action, which do not require complicated answers.

The editors wish to express their gratitude to José López Rubio for permission to prepare this edition, and for his aid on some doubtful points in the play. Grateful acknowledgments are also due Professor Federico S. Escribano and Dr. Manuela Cirre of the University of Michigan, and Professor M. Alvarez of the University of Western Ontario, for criticisms and suggestions concerning notes and exercises.

A.M.P.

J.V.F.

Contents

LA OTRA ORILLA

Introduction

1. BIOGRAPHICAL SKETCH

José López Rubio was a marginal literary figure from the years 1925 to 1949. By 1930, he had written a novel, short stories, three plays in collaboration with other dramatists, newspaper and magazine articles. Then for nineteen years he was closely associated with the movie industry, gaining a varied experience as dialogue translator in the United States and as script writer and director in Mexico, Cuba, and Spain. The decisive turning point in his career occurred on April 29, 1949, when his play *Alberto* was favorably received by public and critics. Since that time, he has devoted himself almost exclusively to the theatre, scoring one success after another. Plays of his have appeared in all but two of the annual volumes of best plays published by Aguilar from the 1949–50 through the 1955–56 seasons.

José López Rubio was born in Motril (Granada) on December 13, 1903. A few months later his family moved to Granada where he lived until the age of twelve. The years 1915–17 were spent in Madrid. There the young José entered the Colegio de los Padres Agustinos, completing two years of his *bachillerato*. In 1917, his father was appointed civil governor of Cuenca. It was in the Institute of that city that López Rubio completed his *bachillerato*. While in Cuenca, he offered some evidence of literary talent with a *sainete* written for a children's

1

theatre group and frequent articles in the city's only daily newspaper.

He returned to Madrid in 1919 to enter the Madrid University Law School. However, he soon realized that he had a far greater interest in literature than in law. He read a great deal and was a faithful habitué of various literary *tertulias*. Foremost among these were Ramón Gómez de la Serna's *tertulia* called *"La Sagrada Cripta de Pombo"* and the *"Platerías"* literary group frequented by Eugenio Montes, Federico Carlos Sainz de Robles, José M. Quiroga, and the Rello brothers. During this period, short stories and articles of his appeared in a weekly humor magazine called *Buen Humor*. He also wrote for *Nuevo Mundo, La Esfera, Blanco y Negro, Los Lunes de El Imparcial, El Sol,* and *La Nación*. An edition of selected short stories was published in 1925. Soon after, in collaboration with Jardiel Poncela, he wrote his first full-length play, *Un hombre de bien*, which was never performed or published. It was not until 1928 that he recorded his first successes with a novel, *Roque six*, and a play, *De la noche a la mañana*, written in collaboration with Eduardo Ugarte, which was judged the best play by new authors in a contest sponsored by *ABC*. After its première in Madrid, *De la noche a la mañana* was performed in Seville, in Buenos Aires, and, in translation, in London, Milan, and Lisbon. *La casa de naipes*, also authored with Ugarte, was performed in Madrid the following season.

The year 1930 marked the close of the first phase of López Rubio's career. He left for the United States where in Hollywood he wrote Spanish dialogue for American films until 1935 for both Metro-Goldwyn-Mayer and the Fox Film Corporation. After a brief sojourn in Italy, he returned to Spain in 1935 to write Spanish film scripts. Two years later, he returned to the United States under contract to Fox. Then he spent the year 1939 in both Mexico and Cuba collaborating on film scripts.

López Rubio's reputation in movie circles was fairly well established by the time he returned to Spain in 1940. In that year, he was engaged to write the film version of Benavente's *La malquerida*. After this success, he was kept busy writing scripts, directing films, and collaborating in movie magazines like *Primer Plano, Radio-cinema,* and *Cámara.* Then came *Alberto* in 1949 and López Rubio's new start as a dramatist. At the age of 46, once more a *novel* in the theatre, but a *novel* matured in thought and dramatic art by the demands of an unusually long and varied apprenticeship. Since 1949, he has written at least one play a year and numerous translations. His adaptations of *Death of a Salesman* (*La muerte de un viajante*) and *South Pacific* (*Al sur del Pacífico*) scored enormous successes in Madrid.

Within this brief period, he has captured a good share of the annual awards. *Celos del aire* (1950) won the Premio Fastenrath of the Royal Academy and also the Premio Rosario de Santa Fe (Argentina) as the best foreign production. *La venda en los ojos* (1954) was awarded the coveted Premio Nacional de Teatro. In 1955, the Spanish Academy honored *La otra orilla* with the Premio Álvarez Quintero and the following year his musical comedy *El caballero de Barajas* won the Premio María Rollán and also the Premio Nacional de Teatro for musical productions. Both *La venda en los ojos* and *La otra orilla* rank among the best of Spain's contemporary repertory.

2. CHARACTERISTICS OF LÓPEZ RUBIO'S THEATRE

"*Teatro de evasión*" is the descriptive label attached by critics to the plays of José López Rubio. This serves to place his theatre in focus insofar as it distinguishes his theatrical technique from that of modern realism, but at the same time it is extremely misleading. López Rubio's avoidance of literal representation of life is not in any sense an escape from reality but quite possibly a means of understanding reality in a broader perspective. (Reality is not deserted but rather enriched by imaginative overtones.)

Federico Carlos Sainz de Robles poses the following pertinent questions in commenting upon *"teatro de evasión"*: *"¿Por qué el mundo poético que vivimos en las mejores horas de nuestra espiritualidad, conscientes o inconscientes, hemos de creerlo fuera de nuestra realidad? Al término de cada vida, ¿qué humano ser noble se atrevería a jurar más firme su fatal existencia social que su voluntaria existencia de ensueños magníficos y de proyectos ideales?"* [1] Christopher Fry has an interesting comment on reality which indirectly supports this view when in *The Lady's not for Burning* he says: "What greater superstition is there but the mumbo jumbo of believing in reality?" Azorín goes one step further for the cause of the imagination when he tells us in his play *Cervantes o la casa encantada:* "El ensueño es la realidad, las ficciones del arte son la más viva realidad." And Unamuno reflects upon this problem in his drama *El hermano Juan* when the protagonist confesses "Yo no sé qué es lo que sucede de verdad y qué lo que soñamos que sucede en este teatro que es la vida." It is entirely a question of perspective. *"Teatro de evasión"* or *"teatro realista"* are in themselves inadequate as labels for real varieties of theatre.

As a critic, Sainz de Robles is concerned with the qual-

[1] *Teatro español, 1949–50,* prólogo, notas y apéndice por Federico Carlos Sainz de Robles, segunda edición, Aguilar, Madrid, 1955, p. 13.

ity of a play. Thus he prefers to add the adjectives *colo-cado* or *dislocado* to the above labels.[2] One is good theatre (*colocado*), well written, well characterized, dramatically effective, built on a theme seriously significant to mature people. The other is poor theatre, a gallery of caricatures, puns, poses, and sheer nonsense which touch nothing. Unfortunately *"teatro de evasión"* has had more than its share of the latter variety of theatrical trickery. It is not surprising, therefore, that the label is frequently considered a derogatory brand.

Such bad company has not dimmed, however, the lustre of López Rubio's theatre. The consistent growth from *Alberto* to his first unqualified success, *La venda en los ojos,* has earned him a large following among public and reviewers. Even his severest critic recognized this growth when in his review of *La venda en los ojos* he wrote:

Cuando uno lleva a rastras dos o tres comedias malas piensa que no es más que un sarampión. Cuando el número aumenta empieza a preocuparse y considerar la situación peligrosa. Pero cuando al final aparece, inesperadamente, una comedia como *La venda en los ojos,* todo lo pasado cobra sentido y uno dice: «No era más que una preparación artillera»... Me importa un bledo que sea teatro de *evasión* o que no lo sea, porque es teatro y porque todos los elementos de la comedia ... están manejados con una maestría, con una soltura, con una gracia y con una eficacia que justifican el escape, la evasión, o la fuga; da igual.[3]

This is *"teatro de evasión,"* indeed, but let us also add the adjective *"colocado"* coined by Sainz de Robles.

More specifically, López Rubio is the poetic humorist of the present crop of dramatists. He is genuinely concerned with the role of illusion in the lives of ordinary

[2] *Ibid.,* pp. 12–13.
[3] *Teatro español, 1953–54,* p. 259. Review by Torrente Ballester.

people in ordinary times. The real and the make-believe share the stage, now in harmony, now in conflict. As this sort of thing has its comic aspects, the author properly finds his fullest expression in farce. The intention of his theatre is to give pleasure; "una limpia llamada a la sonrisa" he called his *Veinte y cuarenta*. His intention is also quite serious. Scattered among the sharply witty lines is some trenchant satire, some moving pathos, and pointed irony—natural consequences of the inevitable conflict of the real and the poetic. Not for a moment, however, does the spirit of a crusader prevail. He does not invite us into his imaginery worlds for therapeutic reasons but to arouse, instead, a more penetrating understanding of the joys, aspirations, heartaches, and anguish of real people within a real world. His appeal is to the full poetic or histrionic sensibility of the audience rather than to the mind.

Almost all of López Rubio's plays deal with a single theme: the joys and conflicts of love. It is hardly a new theme. It is, in fact, a theme which in one way or another has occupied many a great artist. Nor has the little family of characters which has served him well throughout his career changed perceptibly: the jealous or unfaithful husband or wife, the imaginative young lady, the impetuous lover, charming and witty old folk. In themselves, this is hardly a gallery of original portraits. It is perhaps just to observe, also, that López Rubio's dramatic formula is not always marked with equal success in all of his plays. Success is intrinsically related to the measure and manner in which illusion illuminates the characters and action. The less the illusion, the less we feel the original strokes of López Rubio. Thus the formula is at its best in the highly fantastic *Celos del aire, La venda en los ojos,* and *La otra orilla.* The first act of *Alberto* is not far behind. *Una madeja de lana azul celeste, El remedio en la memoria,* and *Veinte y cuarenta* lean heavily on the sentimental side with little poetic action to color stock characters and situations. The atmosphere of *Cena de navidad* is more that of a "whodunit" than fantasy. Isolated behind the limitations of his chosen theme López Rubio has fulfilled but not surpassed himself. The growth from *Alberto* to *La otra orilla* shows definite promise for the future. He has a wonderful sense of theatre, an exquisite feeling for the absurd, a sparkling style, a secure grasp of motivation and rhetoric. He has, in short, all of the qualities of first-rate talent, capable of fashioning many memorable moments in the theatre.

3. ANALYSIS OF LÓPEZ RUBIO'S DRAMATIC FORMULA

The three plays which have been chosen as samples are quite different from each other. But at this distance, it appears that they have certain problems and intentions in common.

Alberto is an interesting imaginative effort. The setting is a Madrid boarding house with tenants so different from one another that one wonders how they manage to get along under the same roof. There is Leticia, a very spirited and imaginative young lady, a loquacious bachelor of 66, an old widow and her 25-year-old daughter, a self-centered 70-year-old Marquesa and her hired companion, and the very serious, methodical don Pascual.

The play opens in the living room of the *pensión* where the guests are debating the consequences of the startling news that their landlady is deserting them for America and matrimony. All but Leticia fear the consequences—the search for new quarters, lost comforts, perhaps setting up housekeeping somewhere and facing the usual, annoying household problems. Leticia suggests a poetic solution for their troubles. An imaginary person, Alberto, will replace the landlady. Alberto will be their spiritual and economic bond. Alberto will cater to their every whim, anticipate their desires, satisfy their needs, influence their actions, and create a strong bond between them. When the Marquesa suggests that this is lunacy, Leticia counters poetically, "Un poco de imaginación y estamos salvados. Un poco de amor, y Alberto nace." Thus Alberto is born complete with mother, godmother, uncle, secretary, and business agent. At this point, the real shifts to the make-believe.

What follows is too absurd to be believed, but it is precisely the atmosphere of well-bred lunacy which adds an exciting dimension to what was originally a poorly motivated and admittedly trivial problem. Even the most prosaic tenants act as in a dream world. All of their suppressed desires—some material, some spiritual—come to the surface in the name of Alberto. But illusion gradually leads to irony. Bills pile up. Stocks purchased in the name of Alberto prove worthless. The Marquesa confesses she had willed a non-existent estate to Alberto. And Leticia is victimized by her own illusion as she falls in love with her phantom friend.

There is no need to go into the surprises engineered by Leticia's jealous suitor, Javier, to kill Alberto. His success leaves a void in the lives of all, highlighted by a pathetic anticlimax just before the final curtain as Javier asks if he has done wrong to kill his phantom rival: "¿He hecho mal Leticia? ¿He hecho mal en luchar por mi amor, un amor de carne y hueso, una verdad de amor? ¿Cree usted que he hecho mal?" And Leticia answers as a child just awakening from a dream "No sé, Javier ... No sé."

All of the pathos born of unfulfilled dreams is packed in Leticia's last words, a pathos intensified by the fascination and frankness of make-believe. It is precisely Leticia's "No sé" which sets the play above a *costumbrista* farce. Leticia's "No sé" simply tells us not to tamper with dreams, no matter how honorable the motive. There is little left without them. This is no longer absurd, but poetic and real at the same time.

La venda en los ojos

Few Spanish plays in this century have been awarded the rave notices which followed the *estreno* of *La venda en los ojos*. Sainz de Robles, who seldom is carried away by the contemporary offerings, had this to say:

Para mi gusto, una de las más bellas comedias contemporáneas. Modelo de construcción técnica. Modelo de prosa elegante, brillante, natural, precisa, tersa, no superada por ningún otro escritor teatral contemporáneo. Modelo de sutil psicología, de ingenioso humor. En ella admiran ... la originalidad de las situaciones, la humanidad de los tipos y de los diálogos, la constante insinuación poética.[4]

The story of *La venda en los ojos* is that of a woman who refuses to accept the reality that her husband has left her. López Rubio is making a case here for the survival of the human spirit in the face of adversity. And a basic conflict he has, though it is expressed in his characteristic terms of humor and illusion. His heroine's solution is to stop the passage of time. Every day Beatriz goes off happily to the airport to meet her husband just as she had ten years ago on the day he was to arrive from a business trip to Barcelona. Her persistent illusion is naturally assumed to be madness. She has many allies in this timeless make-believe world: maids, friends, an unknown confidante at the other end of a telephone line, and especially

---

[4] *Teatro español, 1953-54*, p. xvi.

her charming aunt and uncle who play their niece's game of illusion to the hilt with strange disguises, the kind of behavior you usually associate with inmates of an insane asylum. Not a single moment or character is superfluous.

The play begins in a real enough fashion. One maid is gossiping about her former employers with a naïve country girl who has just been hired to help with the household chores. With one deft stroke, López Rubio shifts the level to fantasy and farce with Tía Carolina's entrance. She interrupts the conversation to ask the veteran maid if she has told the newcomer that everyone in the house is completely mad. The maid's answer is even more surprising: "Ahora se lo iba a decir, cuando ha llegado la señora." No more is needed to set the stage for some weird moments. We are not disappointed either. The aunt is Lady Agatha Bresford complete with a ghost-inhabited castle in Scotland whenever she wills it so. Tío Gerardo deals in antique articles he doesn't possess. Potential customers, complete strangers, are greeted as old friends. In fact, one stays as an overnight guest as he is slowly overwhelmed by the bizarre atmosphere.

Nobody is likely to forget the behavior of Beatriz. She is unquestionably an original creation. There is no indication at all for two acts that her aberrations are perhaps a little less ridiculous than they seem at the outset. If it is rather astonishing to hear her disconnected, delightful nonsense on a telephone call to an imaginary friend, it is even more astonishing to learn later that she has had a faithful audience at the other end of the line who has listened patiently and sympathetically to the long monologue for ten years. Nothing startles Beatriz; nothing bothers her in the make-believe world she has fashioned. Her caprice has no limits. She picks up a man in the streets, takes him home, and claims he is her husband.

The newcomer senses the strangeness of the situation but is willing to play his part in the odd game. For aunt and uncle, this is too much. Their own assumed madness has a limit, and that limit does not include permitting possible adultery. The farce now moves quickly in the direction of irony and pathos. The possibility of sin is crumbling the pleasant make-believe world.

Equally surprising to all is the sudden return of Beatriz's real husband. The play then moves to a brilliant climax. The transition in the third act from farce to drama has rarely been so suddenly and successfully achieved. A single question by her husband and Beatriz's answer are all that are needed to shift from the level of illusion to reality:

QUINTANA: ¿Es posible que no recuerdas? ¡Tantas horas vividas, tantas ilusiones!
BEATRIZ: ¿Cuáles? No te canses. Me acuerdo de todo. No tuve la suerte de perder la memoria con todo lo demás.

The ring of sincerity in the scene that follows is genuinely moving. Illusion forsakes Beatriz when faced with the one real moment she probably wanted and feared most of all. The farcical, free Beatriz becomes the most pathetic of creatures. With strength born of suffering, she confesses her pretended madness, her concealed grief, and orders her husband out of the house.

The final surprise is a fitting epilogue to the tragicomic sequence of events. Aunt and uncle rush apprehensively into the living room. At the sight of them, Beatriz once more assumes her mad pose and Tía Carolina and Tío Gerardo are both relieved and delighted to resume their quixotic adventures. They are all pathetic now. Reality interrupted the flow of illusion just long enough to alter our perspective.

La otra orilla

"*La otra orilla* es, predominantemente, la obra de un estupendo escritor," [5] wrote Sergio Nerva, drama critic of the newspaper *España*. Enrique Llovet of *El Alcázar* remarked "La comedia es muy probablemente la obra más ambiciosa que se ha puesto en escena, entre nosotros, desde hace muchos años; es también la obra más ambiciosa del autor, y es el autor el más refinado y punzante de nuestros escritores teatrales ... Habrá que poner *La otra orilla* como texto de preceptiva dramática." [6] Such was the mood of all critics who viewed the opening performance of *La otra orilla* on November 4, 1954. This unanimous praise is even more striking when you consider that *La otra orilla* was performed against the backdrop of the immensely successful *La venda en los ojos*. Comparison was inevitable. It was not enough for *La otra orilla* to be good; it had to be better to merit such glowing notices.

The entire action of the play takes place within the space of about three hours. Four ghosts occupy the stage almost from beginning to end. They are the ill-fated lovers Ana and Leonardo, an innocent bystander, Martín, who was unfortunate enough to intercept one of the bullets destined for the lovers, and Jaime, husband of Ana, author of the triple crime, who himself was killed by policemen in a wild chase through the streets of Madrid. The spirits of this unfortunate foursome gravitate to the original scene of the crime. This is hardly the atmosphere for comedy. But López Rubio's special talent transforms an incipient drama into farce with a series of stunning surprises and a situation so absurd that it bears no resemblance to reality. Thus the subject of murder can be treated so lightly. If

[5] *Teatro español, 1954–55*, p. 272.
[6] *Ibid.*, p. 270.

it were treated seriously, the play would be immoral.

Act One is largely foolery. Stripped of the inhibitions of life, the four victims insult each other freely. First Ana questions the sincerity of Leonardo's confession just before the fatal shots that he would love her, "¡ ... hasta más allá de la muerte!" Later, they both debate with the spirit of Ana's husband the justice and propriety of his violent act. The scene takes on all of the characteristics of a grotesque family quarrel with the spirit of the innocent bystander as an unwelcome mediator. All of the charm of this first act is in the crisp, pointed, and natural dialogue. Most speeches are very brief. The lines seem to cling to each other.

The humor of Act Two takes an ironic turn as the levels of fantasy and reality come to grips with each other. On the one side we have the reality of unveiled hypocrisy of the gallery of mourners called to identify the bodies. On the other side, we hear the whimsical reaction of the four lost souls. Ana utters the sharpest quips. She is a charming creation. Both levels blend in the eyes and ears of the audience to the point where it is difficult to discern fantasy from reality. Forced to view the new and perverse reality which emerges, the four souls gradually suffer shame and humiliation. Leonardo sums up the ironic reality revealed by fantasy when he tells his co-spirits:

¡Estamos abandonados! ¡Solos! Hemos tenido que soportar los horrores de nuestras vidas, revelados ante nuestros ojos por ese impudor de los vivos. ¡Cuando empezamos a creernos libres, se nos ata a toda la miseria que habíamos dejado atrás!

This mood is interrupted by an exciting plot surprise just before the curtain which motivates the pathos of the final act.

Ana's question, "¿Qué vida me esperaría después de

esto?" introduces the pathetic note. We have now a quartet
of puzzled souls facing the possibility of life with dishonor
and ostracism. Our creatures suffer the nausea of self-pity,
and disillusion with life. Only Martín and Ana experience
something beautiful on the other shore. He falls in love
with Ana's soul in spite of all its defects. This is a love
ideally pure but austere for it can have no possible con-
summation on the earthly plane. Martín's anguished cries
as Ana exits are a fitting climax for the mounting pathos
of the denouement.

Basically, the world of López Rubio is a whimsically
wonderful one. Little has changed since the *estreno* of *Alberto*. Only his command of rhetoric and his grasp of illusion have improved. Like a poet, he has a fascinating
sense of reality all of his own and it is equally full of
lyricism and sensibility, though it is anchored a good deal
more firmly in the realities that most of us know. This is
fantasy with its feet planted firmly on the ground. The
total effect is admirable, combining a varied sequence of
surprising scenes, non-cloying sentiment, adroit comic in-
vention, and genuine pathos in a manner extremely unusual in Spain's theatre nowadays.

Plays by José López Rubio[1]

(With dates of production and publication)

De la noche a la mañana. Comedia en tres actos, in collaboration with Eduardo Ugarte. First performance: Teatro Reina Victoria,[2] January 17, 1929. Published as college text by W. W. Norton and Co., 1932, Todd Starck, ed.

La casa de naipes. Comedia en tres actos, in collaboration with Eduardo Ugarte. First performance: Teatro Español, May 15, 1930.

Alberto. Comedia en tres actos. First performance: Teatro María Guerrero, April 29, 1949. Editions: Editora Nacional, Madrid, 1949; in "Colección Teatro," No. 30 (extra), Ediciones Alfil, Madrid, 1952.

Celos del aire. Comedia en tres actos. First performance: Teatro Español, January 25, 1950. Editions: in "Colección Teatro," No. 2, Madrid, 1951; in *Teatro español, 1949–1950,* Madrid, 1951.

Estoy pensando en ti. Un acto para un solo personaje. Performed in the Teatro Español, May 23, 1950. Editions: Publicaciones Españolas, Madrid, 1951; in "Colección Teatro," No. 100 (extra), Madrid, 1952.

Veinte y cuarenta. Comedia en tres actos. First performed in the Teatro Español, February 8, 1951. Editions: Publicaciones Españolas, Madrid, 1951; in "Colección Teatro," No. 30 (extra), Madrid, 1952 and in *Teatro español, 1950–51,* Madrid, 1952.

Cena de navidad. Comedia en tres actos. First performance: Teatro de la Comedia, November 14, 1951. Published in "Colección Teatro," No. 7, Madrid, 1951.

[1] Only plays which have been performed or published are listed.
[2] Theatres are in Madrid unless otherwise noted.

Una madeja de lana azul celeste. Comedia en cuatro actos. First performed in the Teatro Reina Victoria, December 7, 1951. Editions: in "Colección Teatro," No. 14, 1952; in *Teatro español, 1951–52,* Madrid, 1953.

El remedio en la memoria. Comedia en tres actos. First performed in the Teatro Reina Victoria, November 28, 1952. Published in "Colección Teatro," No. 48, Madrid, 1952.

La venda en los ojos. Comedia en tres actos. First performed in the Teatro Infanta Isabel, March 3, 1954. Editions: in "Colección Teatro," No. 101, 1954; in *Teatro español, 1953–54,* Madrid, 1955.

Cuenta nueva. Comedia en tres actos. First performed in the Teatro Romea, Barcelona, September 30, 1954. Unpublished.

La otra orilla. Comedia en tres actos. First performed in the Teatro de la Comedia, November 4, 1954. Editions: in "Colección Teatro," No. 119, Madrid, 1955; in *Teatro español, 1954–55,* Madrid, 1956.

El caballero de Barajas. Comedia musical en un prólogo y tres actos. Música de Manuel Parada. First performed in the Teatro Alcázar, September 23, 1955. Published in "Colección Teatro," No. 151, Madrid, 1956.

La novia del espacio. Comedia en tres actos. First performed in the Teatro Comedia, Barcelona, 1955. Unpublished.

Un trono para Cristy. Comedia en tres actos. First performed in the Teatro Infanta Isabel, September 14, 1956. Published in "Colección Teatro," No. 174, Madrid, 1957.

TRANSLATIONS BY JOSÉ LÓPEZ RUBIO PERFORMED IN MADRID

John Balderston, *La plaza de Berkeley.*
Jacques Deval, *Tovarich* and *La sombra querida.*
László Fodor, *Europa y el toro.*
Eric Glass, *Belinda.*
Frederick Knott, *Crimen perfecto (Dial "M" for Murder).*
Benn Levy, *El tiempo dormido (Mrs. Moonlight).*

Frederick Lonsdale, *El pasado de la señora Cheney*.
Somerset Maugham, *La esposa constante*.
Arthur Miller, *La muerte de un viajante*.
Molière, *El burgués gentilhombre*.
Ferenc Molnar, *Liliom*.
Rodgers and Hammerstein, *Al sur del Pacífico*.
Oscar Wilde, *La importancia de llamarse Ernesto*.

SELECTED BIBLIOGRAPHY

Don Juan y el teatro en España. Fotografías de Juan Gyenes, Ediciones Mundo Hispánico, Madrid, 1955, pp. 67–72. (Good photographs of *Celos del aire* and *Veinte y cuarenta*)

Figuras de hoy. Editorial Ciencia y Cultura, I, Madrid, 1950, p. 342.

Jack H. Parker, *Breve historia del teatro español*, Manuales Studium, México, 1957, pp. 185–186.

F. C. Sainz de Robles, *Ensayo de un diccionario de la literatura*, II, segunda edición, Aguilar, Madrid, 1953, pp. 618–619.

Teatro español, 1949–50. Prólogo y notas por F. C. Sainz de Robles, segunda edición, Aguilar, Madrid, 1955, pp. 221–228. (Reviews of *Celos del aire*)

Teatro español, 1950–51, Aguilar, Madrid, 1952, pp. 295–302. (Reviews of *Veinte y cuarenta*)

Teatro español, 1951–52, Aguilar, Madrid, 1953, pp. 159–162. (Reviews of *Una madeja de lana azul celeste*)

Teatro español, 1953–54, Aguilar, Madrid, 1954, p. xvi; pp. 259–263. (Reviews of *La venda en los ojos*)

Teatro español, 1954–55, Aguilar, Madrid, 1956, pp. 13–14; pp. 267–272. (Reviews of *La otra orilla*)

Teatro mundial, Aguilar, Madrid, 1955, p. 603.

G. Torrente Ballester, *Panorama de la literatura española contemporánea*, Ediciones Guadarrama, Madrid, 1956, p. 368.

Angel Valbuena Prat, *Historia del teatro español*, Editorial Noguer, Barcelona, 1956, pp. 671–673.

LA OTRA ORILLA

Estrenada en el TEATRO DE LA COMEDIA, de Madrid, por la Compañía de Conchita Montes, la noche del 4 de noviembre de 1954, con el siguiente

REPARTO

Los unos	ANA	Conchita Montes
	LEONARDO	Manuel Collado
	MARTÍN	Pedro Porcel
	JAIME	Rafael Alonso
Los otros	IBÁÑEZ 257	José Luis López Vázquez
	IBÁÑEZ 138	José Montijano
	RUFINA	Alicia Agut
	DIEGO	Fernando Guillén
	CARLOTA	Pilar Muñoz
	FELISA	Mercedes Albert
	MAURICIO	Ricardo Lucia
	EL SR. ROCA	Modesto Rivas

Decorado de BURMANN

Dirección de EDGAR NEVILLE

21

LA ESCENA

*Salón de una casa en una colonia residencial de las afueras
de Madrid.*

*A la izquierda del actor, una puerta que comunica con un
pequeño vestíbulo, en el que se supone la puerta de entrada
de la casa.*

*Cerca de esta puerta de la izquierda, y haciendo ángulo con
el foro, un gran ventanal.*

*Por el ventanal se advierte el jardín y, más al fondo, las luces
de alguna casa, lejos.*

*Delante del ventanal, a un metro de distancia y de frente
al público, un sofá largo. A la derecha del sofá, un sillón.
Entre el sofá y el sillón, una mesita con cenicero y una caja
de plata para cigarrillos.*

*Más a la derecha, una mesa, casi en el centro de la escena.
Sobre ella, una lámpara de cristal, con pantalla, un teléfono,
otro cenicero y algunas revistas.*

Junto a esta mesa, otro sillón.

*Al fondo, donde termina el ventanal, una librería. Lámpara
en el techo. Otra lámpara sobre la librería.*

Sillones y sillas.

*A la derecha, una puerta grande, que lleva a las habitaciones
interiores de la casa. A la derecha, también, un «secretaire»
abierto.*

*El salón está ordenado con buen estilo. Aunque la casa es
moderna, los muebles son, en su mayor parte, antiguos. Hay
algún cuadro del siglo pasado. En la casa ha vivido una
mujer rica, muy entrada en años.[1] Porcelanas, algún
reloj, vidrios ...*

*Son, al comenzar la acción, las once de la noche, de un día
de principios de verano, en un año cualquiera de nuestro
tiempo.*

*Entre el primer acto y el segundo, transcurre menos de media
hora.*

*El segundo y el tercer acto se suceden sin que pase tiempo entre
ellos.[2]*

[1] muy entrada en años quite advanced in age
[2] se suceden ... ellos follow each other with no passage of time between them

22

ACTO PRIMERO

Al levantarse el telón, está la escena casi en la oscuridad.
Sólo hay encendida una lámpara, sobre la librería, con su
luz muy mitigada por la pantalla.
Por el ventanal entra la claridad de una noche de luna.
Delante del ventanal, las siluetas de UNA MUJER *y* UN
HOMBRE. *Están abrazados, y deben permanecer así, en*
silencio, unos instantes.

LA MUJER (*después del silencio*): ¿De verdad, Leonardo?
¿De verdad?

EL HOMBRE: ¿Lo dudas?

LA MUJER: No lo quiero dudar. Por eso necesito oírtelo
decir una vez y otra. Para que tome fuerza de verdad en 5
mis oídos lo que, quizá, sólo dices de labios para
afuera [3] ...

EL HOMBRE: ¡Daría mi vida por ti! Te querré siempre ...
¡Siempre! ... Mientras viva [4] ...

LA MUJER: ¿Nada más?   10

EL HOMBRE: ¡Y hasta más allá de la Muerte! [5]

LA MUJER: ¿Como ahora?

EL HOMBRE: ¡Como ahora!

(*Se oye, en la calle, el disparo de una pistola.* LA MUJER
y EL HOMBRE, *sobresaltados, se separan. Inmediata-*
mente después, también en la calle, el ladrido de un
perro.)

[3] **Para que tome ... afuera** So that perhaps what you are saying only
with your lips will sound like the truth in my ears
[4] **Mientras viva** As long as I live
[5] **¡Y hasta ... Muerte!** And even beyond Death!

LA MUJER (*alarmadísima*): ¿Qué ha sido?

EL HOMBRE (*procurando calmarla*): Nada. No te asustes. Un disparo, en la calle ...

(*Se separa de ella y va hacia la puerta de la izquierda. Sale al vestíbulo.*)

LA MUJER (*junto al ventanal, asustada*): ¡No, Leonardo!
5   ¡No salgas! (EL HOMBRE *ha abierto la puerta de la calle. Se le oye abrir, y la claridad de la luna dibuja su sombra en el suelo. Un nuevo disparo, en la calle, que hace saltar en pedazos* [6] *uno de los cristales del ventanal, junto a* LA MUJER. *En un grito, sintiéndose herida.*) ¡Leonardo!

(*Un tercer disparo, en la calle. Sigue escuchándose el ladrido del perro.* LA MUJER *cae pesadamente detrás del sofá. Un brazo queda asomado, en el suelo. A la izquierda, la sombra de* EL HOMBRE *vacila. Se ha apoyado en el quicio de la puerta de la calle. Se ve caer la sombra, y se oye el golpe del cuerpo contra el suelo. Un brazo de* EL HOMBRE *queda asomado, en el suelo, por la puerta de la izquierda. Un corto silencio. Vuelve a ladrar el perro. Se acerca, en la calle, el sonido de dos sirenas de motoristas y el de los escapes de dos motocicletas. Varios disparos, de otras pistolas, muy rápidos. Vuelve a quedar todo en calma un instante. El perro, dentro, comienza a aullar tristemente. El brazo de* LA MUJER, *detrás del sofá, se mueve. Se alza, detrás del sofá,* LA MUJER, ANA. *Joven y bien vestida de tarde.* [7] *Lentamente, da la vuelta al sofá. Pero su brazo queda asomado, en el suelo. Al retirar el brazo, ha quedado otro igual, en el suelo, en la misma posición.* ANA *llega al centro de la escena. Mira a su alrededor. Da dos pasos hacia la puerta de la izquierda. Ve que* EL HOMBRE *está caído en el vestíbulo.*)

---

[6] hace saltar en pedazos shatters
[7] bien vestida de tarde elegant in afternoon dress

ANA (*en voz muy baja*): ¡Leonardo!

(*El brazo de* EL HOMBRE *se mueve. Se retira. Queda
otro brazo igual, en el suelo. Se alza la sombra y, a
poco, aparece en la puerta* EL HOMBRE, LEONARDO. *Tiene menos de cuarenta años. Mira, con la misma extra-
ñeza que* ANA, *a su alrededor. Su mirada se encuentra
con la de* ANA.) [8]

LEONARDO (*a* ANA, *sin comprender*): ¿Qué ha sido?
ANA: Todo. ¿Te parece poco?
LEONARDO (*sin atreverse a pronunciar la terrible palabra*):
Todo, es ...
ANA: Un dolor definitivo y, después ...   5
LEONARDO (*repitiendo angustiado*): Después ...

(ANA *lo toma de la mano y lo conduce hasta el sofá,
mostrándole lo que hay, detrás, en el suelo.*)

ANA: Mira. Eso.

(LEONARDO, *estremecido, mira un momento, recordando,
vuelve, después, la vista hacia el vestíbulo, a la izquierda.
Mira alternativamente a los dos lados.*)

LEONARDO (*indicando, levemente*): Tú ... y yo ...
ANA: Lo que hemos sido.[9]
LEONARDO (*filósofo*): ¡Bien poca cosa! [10]   10
ANA (*con un ligero reproche por lo que a ella se refiere*): [11]
Por tan poca cosa, dijiste, no hace mucho,[12] que darías
la vida ...
LEONARDO (*un poco impertinente*): Y, ¿no acabo de darla?
ANA: Un poco menos. Te la han arrebatado, que no es lo
mismo.   15

8 **Su mirada ... Ana** His glance meets Ana's
9 **Lo que hemos sido** What we used to be
10 **¡Bien poca cosa!** A really small thing!
11 **por lo que ... refiere** for what refers to her (in his remark)
12 **no hace mucho** a moment ago

LEONARDO: Pero por ti, al fin y al cabo [13] ... (*Una pausa.*) Jaime, ¿no?

ANA: Sin duda. (*Haciendo memoria.*) Ahora recuerdo que el lunes me dijo que había comprado una pistola ...

5 LEONARDO (*rencoroso*): Eso, se avisa.[14]

ANA: No pensé que la hubiera comprado con esta intención. ¡Un hombre que tiene la casa llena de escopetas ! ...

LEONARDO: Una pistola, en estos casos, parece más propia.

ANA: Yo creí que la había comprado para el campo.

10 LEONARDO (*malhumorado*): ¡Sí, sí, el campo!

ANA (*después de pensar, sonriendo*): Después de todo, reconocerás que ha sido un gesto.

LEONARDO (*con el mismo malhumor*): ¡Si te parece que, todavía, debo aplaudir! [15]

15 ANA (*haciendo memoria*): Lo que no comprendo es lo que ha sido del primer disparo [15a] ... el que no llegó ...

LEONARDO: Le habrá fallado ...

ANA: ¡Imposible! Jaime es una de las primeras escopetas de Madrid.[16] En el Tiro de Pichón [17] ...

20 LEONARDO (*molesto*): ¡No irás a comparar! [17a] ...

ANA (*sonriendo, halagada*): Fíjate en que, a los dos nos ha dado en el corazón, exactamente ... Es un detalle.

LEONARDO (*rencoroso*): Sí. Precioso.

ANA (*más allá del Bien y del Mal*): [18] ¿Todavía le guardas
25 rencor?

LEONARDO (*considerando*): Pues, rencor ... Lo que se dice rencor [19] ...

---

[13] **al fin y al cabo** after all

[14] **Eso, se avisa** You should have warned me about that

[15] **¡Si te parece ... aplaudir!** So what do you want me to do, applaud?

[15a] **lo ... disparo** what happened to the first shot

[16] **Jaime es ... Madrid** James is one of the best trapshooters in Madrid

[17] **En el Tiro de Pichón** At the Trapshooters Club

[17a] **Fíjate ... corazón** Notice that he hit both of us in the heart

[18] **Más bein ... Mal** Beyond considerations of Good and Evil

[19] **Lo que ... rencor** Not really rancor

ANA: No sería extraño. Aún estás caliente.

LEONARDO (*después de pensar*): ¡Es curioso! Puedo hablar de tu marido casi con calma, después de lo que acaba de hacer con nosotros ...

ANA: Cualquiera, en su lugar, hubiese hecho lo mismo, reconócelo ... [5]

LEONARDO: No. Esto se hace ya, cada vez menos, en nuestra clase.[20] Hay que ser muy bruto ...

ANA: ... o estar muy enamorado.

LEONARDO: O estar impaciente por utilizar la pistola, ya [10] que se la ha comprado ... Y, si estaba muy enamorado, lo estaría de ti, en todo caso, ¿no? A mí, podía haberme dejado fuera, creo yo ... Para lavar la mancha de su honor, bastaba. Calderón, y era Calderón, acababa sólo con la esposa infiel ... [15]

ANA: Y, el otro, tan campante, ¿no?

LEONARDO (*rectificando*): No, mujer. Un disgusto tremendo ...

ANA: ¿Tú hubieras querido sobrevivirme?

LEONARDO (*sin encontrar algo amable que decir*): No sé [20] lo que se dice en estos casos ... ¡Como es la primera vez que ... !

ANA: ¿Tú qué sabes? Puedes haber tenido otras vidas [20a] ..., antes ...

LEONARDO (*dudando*): No creo. De otras vidas, podrá uno [25] olvidarse, pero, ¡de otras muertes ... !

ANA: Ya has visto que resulta todo tan sencillo ...

LEONARDO (*preocupado*): Demasiado. Ha de haber alguna trampa ...

(*Se escucha, dentro, el aullido del perro.*)

ANA (*impresionada*): ¡Esos aullidos ... ! [30]

---

[20] **Esto, ... clase** Nowadays, this sort of thing is done less and less among people of our social class

[20a] **Puedes ... antes** You might have had other lives, before (*this one*)

LEONARDO: Dicen que los perros ventean ... esto.

ANA: Sí. Está en su contrato con el Hombre.

(*Una sombra se advierte en el resplandor de luna que
entra por la puerta de la calle, que queda abierta.* ANA *y*
LEONARDO *callan, sorprendidos. Aparece, silenciosamente
[sus pisadas, como las de* ANA *y* LEONARDO, *no deben
oírse*], MARTÍN, *un hombre de cerca de cincuenta años,
tranquilo, reposado. Viste bien, con cierto elegante
descuido. Llega, un poco ausente. Se detiene, cerca de
la puerta. Habla en voz más bien baja, muy educado.*)

MARTÍN (*entrando*): Buenas noches ... Ustedes perdonen.
He visto la puerta abierta, y esa luz ...

(*Indica la de la lámpara.*)

5 LEONARDO: ¿Qué quiere usted?

MARTÍN: ¿Yo? Nada. (*Señala al vestíbulo.*) ¿Se han dado
ustedes cuenta de que tienen ahí un muerto?

LEONARDO (*sin querer hablar del asunto*): Sí. Hace ya un
rato.

10 ANA (*amable, a* MARTÍN, *explicando*): Es este caballero ...

MARTÍN (*correctamente, excusándose*): ¡Ah! Perdón. (*Cayendo en la cuenta de lo que acaba de oír, extrañadísimo.*) ¿Cómo dice?

ANA: Pues, eso. Que el cadáver es ... (*Indica el vestíbulo.*)
Si se toma usted la molestia de observarlo, podrá ser
15 muy exacto en su declaración.

MARTÍN (*con un leve gesto de fastidio*): No creo que me
guste declarar nada.

ANA: Ya que resulta usted testigo, no tendrá más remedio [21] ...

---

[21] **Ya que ... remedio** Now that you are a witness, there is nothing
you can do about it

MARTÍN (*con el mismo fastidio*): Tampoco creo que me ③ ilusione mucho ser testigo. No lo he sido nunca.

LEONARDO: ¿Ni siquiera de una boda, como todo el mundo?

MARTÍN: Menos. Con los amigos que se han casado, he roto definitivamente en la despedida de soltero.[22] 5

ANA: ¡Ah, vamos! Va a resultar que es usted enemigo del matrimonio.

MARTÍN: Sí, pero sólo por las referencias que tengo.[23]

ANA: ¿Odia usted a las mujeres? ② *de sus amigos*

MARTÍN: Exclusivamente, a las de mis amigos. De ante- 10 mano,[24] y como medida profiláctica. Para no verme obligado a tener que odiarlas después, que es lo corriente. O para no caer en la tentación de desearlas. Claro que no está permitido.

ANA: No sólo a la del amigo, si no, en general, a la mujer 15 del prójimo ... Es un Mandamiento. (*A* LEONARDO, *como si hiciera un descubrimiento.*) Por cierto, no hay ninguno que diga: «No desear el marido de su prójima».

LEONARDO: Debe de ir incluído.[25]

MARTÍN: Seguramente. (*A* LEONARDO, *recordando la con-* 20 *versación interrumpida.*) Bueno, no pretenderá usted hacerme creer que ...

(*Señala al vestíbulo.*)

LEONARDO (*impaciente*): Perdone ... En primer lugar, ¿Quién es usted? ⑤

MARTÍN: Un vecino. Mi hotel es el segundo, a la vuelta 25 de la esquina. El siete de la calle. Al comprarlo, le quité el nombre que tenía. Su dueño anterior le había puesto «Mi Bohío».

[22] **Con los amigos ... soltero** With my friends that married, I broke off completely at their bachelor party

[23] **pero sólo ... tengo** but only from what I hear about it

[24] **De antemano** Beforehand (i.e., before he meets them)

[25] **Debe de ir incluído** That must be understood

ANA (*a* LEONARDO): ¿Qué es un bohío?

LEONARDO (*vagamente*): Una cosa de Cuba.

ANA (*buscando una justificación*): ¡Si el hombre había
vivido allí, y se acordaba ... ! El que esté libre de nostal-
5 gia que tire la primera piedra.

MARTÍN (*dispuesto a ello*): ¡Yo! ¿A quién le tengo que
tirar la primera piedra?

ANA: No lo creo. Lo dice usted por quitarse años. ¿No
ha sentido nunca deseos de quedarse en algún sitio, a
10 la hora de partir?

MARTÍN: Sí. En el café, cuando van a cerrar. Pero, ¡con
volver al día siguiente! ...

ANA: ¿Y el ansia irreprimible de volver a los lugares donde
ha sido feliz?

15 MARTÍN: Si hubiese sido feliz en algún lugar, y hubiera
querido volver, habría vuelto.

ANA: Ahora, quiere usted presumir de medios de fortuna.²⁶

MARTÍN (*a* LEONARDO): ¿Quiere usted decirle a esta señora
que no trato de presumir de nada?

20 LEONARDO (*a* ANA, *accediendo, por terminar, de una vez*):
Este señor, dice que ...

ANA (*un poco ofendida*): Ya lo he oído. No te molestes ...

MARTÍN: Ni creo que, para ser feliz, haya que irse a provincias. Madrid, no está tan mal.

25 ANA (*dignamente*): Yo no me he referido a las provincias
para nada. Ya se sabe que no están técnicamente prepa-
radas para éso. Quería decir, más lejos ...

MARTÍN: ¿Más lejos que La Coruña?

ANA (*molesta*): Estábamos hablando de Cuba.

30 LEONARDO (*impaciente, a* ANA): Déjalo. ¡Si este señor no
quiere tener ninguna nostalgia ... !

ANA (*con desprecio*): No, si a mí, ¡fíjate! ²⁷ Pero las nos-
talgias se tienen, sin querer ...

²⁶ **Ahora quiere ... fortuna** Now, you want to boast you're wealthy
²⁷ **No, si a mí, ¡fíjate!** Well, look, I don't care!

MARTÍN: ¡Ah! Entonces, ¿como el hipo?

ANA: Me estoy dando cuenta de que con usted no se puede hablar.

LEONARDO: Ni falta que hace.[28] ¡Lo único que tenía que decir, no lo ha dicho ... ! 　　　　　　5

MARTÍN (*bien dispuesto*): Pues, eso, en seguida. ¿Qué es lo que tengo que decir?

LEONARDO (*secamente*): ¿Qué hace usted en esta casa?

MARTÍN: Ya les he contado que vi esa luz encendida, y la puerta abierta ... 　　　　　　10

LEONARDO (*alzando la voz*): Eso, no es motivo suficiente.

ANA (*casi a gritos*): ¡Claro que no! ¿Entra usted en todas las casas que ve abiertas, con una luz encendida, dentro?

MARTÍN (*muy correcto*): Un momento. No se ponga así. 15 Y, sobre todo, no me griten. (*Con cierta intención.*) Puede que les convenga más bajar la voz.[29]

ANA (*insolente*): ¿Por qué?

MARTÍN: En primer lugar, porque hay un cadáver en la casa. 　　　　　　20

LEONARDO (*impertinente*): Desde el momento en que el cadáver es el mío, y a mí no me importa,[30] podemos gritar todo lo que queramos.

ANA: ¡Eso es! [31]

MARTÍN (*sin perder su tranquilidad*): Y, en segundo lugar, 25 porque una casa, en estas condiciones [32] ...

LEONARDO (*desafiante*): ¿Qué?

MARTÍN (*terminando la frase*): ... no es una casa respetable.

ANA (*indignada*): ¿Cómo se atreve usted ... ?

---

[28] **Ni falta que hace** He hasn't said anything worthwhile, anyway
[29] **Puede que ... voz** It may be advisable for you two to lower your voices
[30] **Desde el momento ... importa** Since the corpse is mine and I don't care
[31] **¡Eso es!** That's right!
[32] **en estas condiciones** under these circumstances

LEONARDO: Precisamente, la presencia de un cadáver, da siempre cierta seriedad a una casa.

MARTÍN: Eso, cuando la casa recibe el adjetivo de mortuoria, y el muerto está donde debe estar, con sus velitas,
5 y no tirado, junto a la puerta, como si lo acabara de dejar un repartidor.

LEONARDO (*dignamente*): Si estoy ahí tirado es porque ...

MARTÍN (*insistente*): ¿Por qué?

LEONARDO (*evasivo*): Eso, no es cuenta suya.[33]

10 ANA: ¡Muy bien dicho!

MARTÍN: Si, como ha dicho la señora, resulto, irremediablemente, un testigo, y me voy a encontrar envuelto en este lío ...

ANA: ¡Por meterse donde no le llaman! [34]

15 LEONARDO: ¡Sin una razón!

MARTÍN (*deteniéndose, preocupado*): Es verdad. Lo de la luz encendida y la puerta abierta, ya lo he dicho dos veces, y no he tenido mucho éxito ...

ANA (*implacable*): ¡Ninguno!

20 LEONARDO: Porque no nos lo hemos creído.

MARTÍN: Tampoco yo me he creído lo de que usted sea ése ... (*Señala al vestíbulo.*) Y no me he puesto tan impertinente.[35] No pienso alterarme ni aun en el caso, más que probable, de que sea usted el asesino.

25 ANA (*a* LEONARDO): Es un loco, ¿te das cuenta?

MARTÍN (*a* ANA, *muy educado*): Y, usted, su cómplice, con todos mis respetos.[36]

LEONARDO: ¿Por qué iba a ser yo el asesino? ¿No puede serlo usted, también?

[33] **Eso ... suya** That is none of your business
[34] **¡Por meterse ... llaman!** For getting involved where you're not wanted!
[35] **Y no me ... impertinente** Nor have I wanted to become too impertinent
[36] **con todos mis respetos** if you pardon me

MARTÍN: También, no. Uno de los dos.

ANA: ¡O el cómplice!

MARTÍN: Imposible. Yo, iba por la calle ...

ANA (*triunfante*): ¿Lo ve usted?

MARTÍN: Señora, la calle ...   5

ANA: ¡Vaya un sitio, a media noche! [37]

MARTÍN: ¡La calle de uno ... ! [38]

LEONARDO (*recordándole, insolente*): La calle de uno, es la de al lado.

MARTÍN (*conciliador*): Es lo mismo, hombre. Todo queda 10 en la vecindad. Y, las once de la noche, cuando ya hace buen tiempo, y con un perro ...

LEONARDO (*interesado*): ¿Un perro?

MARTÍN: Sí. ¿No les he dicho a ustedes que saqué a mi perro, a dar una vuelta? [39]   15

ANA (*preocupada*): ¿Ese perro que está aullando en la acera?

MARTÍN (*sorprendido*): ¿Cuál? (*Se calla para escuchar. Se oye, de nuevo, el aullido del perro.*) Sí. El mismo. (*Extrañado.*) ¿Qué le ocurrirá? [40] Voy a ver ...   20

(*Se dirige a la puerta de la izquierda.*)

ANA (*con un presentimiento*): ¡Espere! (MARTÍN, *se detiene, cerca de la puerta.*) ¿Dice usted que salió con el perro?

MARTÍN: Sí. Y, precisamente, ahora que recuerdo, al doblar la esquina, oí un disparo ...   25

ANA (*comprendiendo*): ¡El primero!

MARTÍN (*con curiosidad*): ¡Ah! Pero, ¿es que ha habido varios?

---

[37] ¡**Vaya un sitio, a media noche!** What a place to be, at midnight!
[38] ¡**La calle de uno ... !** My own street!
[39] **a dar una vuelta** to take a stroll
[40] ¿**Qué le ocurrirá?** I wonder what's happening to him?

LEONARDO *(señalando a* ANA *y señalándose a sí mismo):* Haga usted la cuenta.⁴¹

ANA *(interesadísima):* Y, después ...

MARTÍN *(haciendo memoria):* Vine hacia acá. Le dije a mi perro que me siguiese ...

⁵ LEONARDO *(interesado por el perro):* ¿De qué raza es?

MARTÍN: Un Scottish Terrier.

LEONARDO: ¿De qué color?

MARTÍN: Negro, con algunas canas ... ¿Le gustan a usted, también, los perros?

¹⁰ LEONARDO *(animado):* ¡Muchísimo! Yo tengo un ...

ANA *(impaciente):* ¡Eso! ¡Pónganse ustedes a hablar de perros ahora! ⁴²

MARTÍN: ¿Por qué no? Casi es de lo único que vale la pena de hablar.

¹⁵ LEONARDO: ¡Es verdad!

ANA *(nerviosa, a* MARTÍN): Pero, ¡por Dios! ... ¿no se da usted cuenta?

MARTÍN *(a* ANA): Cuenta, ¿de qué?

ANA *(anhelante):* ¿Le siguió a usted su perro?

²⁰ MARTÍN *(recordando extrañado):* No.

LEONARDO: No lo tendrá usted bien educado.⁴³

MARTÍN *(preocupadísimo):* ¡Es extraño! Me obedecía siempre. ¡Me adora!

(Aulla el perro, dentro.)

ANA *(con el más vivo interés):* Y ... ¿no ha advertido usted
²⁵ si, al venir para acá, se dejaba en el suelo ... algo?

MARTÍN *(tranquilo):* No sé. ¡Estas calles están tan oscuras! ... ¿Qué he podido dejarme?

ANA: Vaya usted a ver.

---

⁴¹ **Haga usted la cuenta** You add them up
⁴² **¡Eso! ¡Pónganse ... ahora!** Fine! Start talking about dogs now!
⁴³ **No lo ... educado** You probably don't have him well trained

MARTÍN (*después de tocarse los bolsillos*): No caigo ...
¡Como no sea el carnet del Madrid! [44]

(*Sale por la izquierda.* LEONARDO *mira a* ANA, *perplejo.*)

LEONARDO (*inquieto*): ¿Tú crees? ...   5
ANA: ¿Dónde fué a parar la primera bala ..., la que no
fué para ti ... ni para mí?
LEONARDO (*queriendo hallar una explicación*): Una bala
perdida, puede dar en cualquier sitio [45] ... En una
pared ..., en un árbol ...   10
ANA: ... o en un hombre que se cruza en su camino.[46]
LEONARDO (*preocupado*): Hemos debido prevenirle. Va a
sufrir una impresión tremenda ...
ANA: ¿La has sufrido tú?
LEONARDO (*comprendiendo que no*): Pues ... Quizá sea
que, acompañado, se haga más llevadero [47] ...

(*El perro aulla nuevamente.* ANA *y* LEONARDO *se miran,
y miran después hacia la puerta de la izquierda. Callan.
A poco, aparece en la puerta de la izquierda* MARTÍN.
*Está muy impresionado. El perro continúa aullando
tristemente, dentro.* MARTÍN *se apoya en el quicio de
la puerta.*)

MARTÍN (*conmovido, después de un instante*): ¡Pobre 15
animal! (ANA *y* LEONARDO *le miran, respetando con el
silencio su emoción.*) No se separa de mí ... (*Se detiene,
sin pronunciar la palabra final.*) (*A* ANA.) Tenía usted
razón. Me había dejado algo, ahí, en la acera ... (*A*
LEONARDO.) Ahora, ya sí creo que sea usted ése ... 20

[44] **No caigo ... Madrid!** I don't understand. Unless it's my member-
ship card in the Madrid (Athletic Club)!
[45] **puede dar ... sitio** it might hit anywhere
[46] **que se ... camino** who crosses its path
[47] **Quizá sea ...llevadero** Perhaps when one is accompanied, it
becomes more bearable

(*Señala el vestíbulo. Después se vuelve a* ANA, *intere-sado.*) Y, usted, señora ... Usted es ...

ANA (*sin comprender*): ¿Quién?

MARTÍN: Esa mujer pálida, enlutada, que sale algunas veces en el teatro ...

5 ANA: ¡Ah! ¿La Muerte? No, no. No soy más que una cliente suya, como usted ...

MARTÍN: ¿Cuándo?

LEONARDO: Un instante después.

MARTÍN (*buscando con la mirada*): ¿Dónde?

10 ANA (*señalando, sin volver la cabeza*): Ahí, detrás del sofá. (MARTÍN *da un paso hacia el sofá.* ANA *le contiene con un ademán.*) No, por favor. No me mire ... No estoy presentable. (MARTÍN *la mira, sin comprender.*) Al caer, se me ha quedado la falda un poco subida ...

15 MARTÍN: ¡Ah! Perdón. Pero ... ¿no puede usted bajarla?

ANA: Lo intenté. Por lo visto, ya no nos es posible modifi-car la situación de ninguna cosa ... real.

MARTÍN (*comprendiendo*): Ya [48] ... (*Un silencio.* MARTÍN *mira a* LEONARDO *y, después, a* ANA, *por* LEONARDO.) Y ... ¿ha sido este caballero?

20 ANA: ¿Cómo? (*Dándose cuenta de la intención de la pre-gunta.*) No, no. Ha sido mi esposo.

MARTÍN (*discreto*): ¡Ah!

LEONARDO: El mismo que a mí.

ANA: Y el mismo que a usted.

25 MARTÍN (*convencido*): Ya. (*Reacciona, con cierto retraso, un poco molesto.*) Y a mí, ¿por qué? Yo no la había visto a usted en mi vida.

ANA: No necesita usted convencerme.

LEONARDO: ¡Como pasó usted por delante,[49] en el preciso 30 momento, con su perro! ...

[48] **Ya** Of course
[49] **Como pasó ... delante** Since you walked in front (*of him*)

MARTÍN (*preocupado*): No creo que fuese motivo, digo yo ... ¿Por qué me tuvo que pegar un tiro a mí?

LEONARDO: ¡Qué sabemos!

ANA: Quizá, para hacer dedos.[50]

(MARTÍN *se sienta, abrumado.* ANA y LEONARDO *respetan su silencio.*)

MARTÍN (*con un suspiro, resignado*): ¡En fin ... ! No va uno a adelantar nada con [51] ... (*Mira, con curiosidad, a* ANA y LEONARDO.) ¿Es corriente esta conformidad? [52]

ANA (*amable*): Parece ser ... Nosotros también somos nuevos, ¿comprende usted?

MARTÍN: Sí. ¡Claro!

LEONARDO: ¡Si no se siente dejar la Vida! [53] ...

MARTÍN (*considerando*): Mi vida no valía gran cosa, verdaderamente ... Me había limitado a vivirla ...

LEONARDO: Como todo el mundo ...

MARTÍN: No. Entiéndame. Quiero decir que nunca hice nada importante ..., nada por los demás. No he creado nada. Hasta lo de plantar un árbol lo había ido dejando siempre para más adelante.

ANA: ¿No fué usted nunca bueno, comprensivo, generoso con nadie?

MARTÍN: Sí. Eso sí. Hasta el sacrificio.

ANA: ¿Con quién?

MARTÍN: Conmigo mismo.

ANA: ¡Eso no vale! [53a]

(*Vuelve a aullar el perro, dentro.* MARTÍN *mira, tristemente, hacia la puerta de la izquierda.*)

---

[50] **Quizá, ... dedos** Perhaps he was limbering up his fiinger
[51] **No va ... con** One is not going to achieve anything by
[52] **¿Es ... conformidad?** Is all this resignation (*to death*) customary?
[53] **¡Si no se ... Vida!** One doesn't regret leaving Life!
[53a] **¡Eso no vale!** That's not fair!

MARTÍN: Si lo siento, es por ése ..., por mi perro. ¡Estaba tan habituado a su compañía! ...

LEONARDO: Puede usted encontrar otro.

ANA: ¡Claro! ¡Tiene que haber muchos perros muertos!

5 MARTÍN (*negando, desilusionado*): ¡Otro, no sería el mismo ... !

ANA (*buscando una solución*): Lo puede usted matar y, entonces ...

LEONARDO: ¿Los muertos podemos matar?

10 MARTÍN (*rechazando la idea*): ¡No, no! ¡Pobre! No tendría valor, aunque pudiera ...

ANA: ¡Si era para volverlo a encontrar! [54] ...

MARTÍN (*pensando*): Los perros no tienen otra vida. Es, casi, lo único que les diferencia de los hombres ...

15 ANA: ¡Vaya usted a saber! [55] Si han sido buenos en este mundo, a lo mejor ...

MARTÍN (*negando, abrumado*): No. Los perros son buenos gratuitamente.

(*Los tres vuelven la cabeza, al mismo tiempo, hacia la puerta de la izquierda, por la que entra, precipitadamente,* JAIME. *Es un hombre de más de cuarenta años. Viene trémulo y jadeante.*)

ANA (*sorprendidísima*): ¡Jaime!

(JAIME, *muy asustado, queda junto a la pared, a un lado de la puerta, como protegiéndose.*)

20 JAIME (*angustiado*): ¡Me siguen! ¡Vienen disparando contra mí! ¡Tiran a darme! [56]

ANA (*con tranquilo desprecio*): No seas tonto, Jaime.

---

[54] ¡Si era ... encontrar! But if it were to be together again!
[55] ¡Vaya usted a saber! How can anyone know?
[56] ¡Tiran a darme! They are shooting to kill!

Siempre te enteras tarde de todo. Te han dado ya, hace rato ...

JAIME (*tembloroso*): ¿A mí? ¡No, no!

ANA (*encogiéndose de hombros*): ¡Bueno! Lo que quieras [57] ...

JAIME (*empezando a creer*): ¿Cómo lo sabes?

ANA: ¿No te das cuenta? Si no, no podrías vernos.

JAIME (*a* ANA, *después de mirar a* LEONARDO): ¿Los dos?

ANA: Sí. ¡Ya ves qué gracia has hecho! [58]

LEONARDO (*por* MARTÍN): Y este señor, también.

JAIME (*reparando en* MARTÍN): ¿Usted es el del perro?

MARTÍN (*sordamente*): Sí.

JAIME: ¡Perdone!

MARTÍN: ¡Podía usted haber tenido más cuidado!

JAIME (*disculpándose*): ¡Estaba tan oscuro! Y salió usted, no se sabe dónde ...

ANA: ¡Sí se sabe!

MARTÍN: De mi casa.

JAIME (*casi con reproche*): ¡Fué usted a doblar la esquina en el preciso momento! ...

MARTÍN (*un poco violento*): ¡A ver si no va a poder uno [59] doblar la esquina de su propia calle! ...

JAIME: ¡Yo disparé, en aquel instante, y usted se situó, precisamente, en la trayectoria!

MARTÍN: ¿En qué?

JAIME (*impertinente*): ¿No sabe usted lo que es la trayectoria?

MARTÍN (*sombrío*): Ya, me parece que sí.

JAIME: La bala, no le estaba destinada.

ANA: Era para mí.

MARTÍN (*galante*): ¡Ah! En ese caso ...

---

[57] **Lo que quieras** As you will
[58] **¡Ya ves ... hecho!** Now you can see the lovely mess you made!
[59] **A ver ... uno** I suppose a person can't

ANA (*sonriendo, agradecida*): Muy amable.

JAIME: Y, ¡si no hubiese usted cruzado la calle! ...

MARTÍN: ¡La calle, es de todos!

JAIME: Sí, señor. Por eso. También lo es de los vengadores
5   de su honor.

ANA (*complacida*): Mira, no está mal.

LEONARDO (*furioso, a* ANA): ¡Ah! ¿Te gustó?

ANA: Como frase [60] ... (*A* MARTÍN.) ¿No cree usted?

MARTÍN (*poco entusiasmo*): Pues yo, la verdad ..., ¿qué
10   quiere que le diga?

JAIME (*hosco*): Me parece que ha sido algo más que una
frase ...

ANA: Eso es lo malo, que no te has contentado con una
frase que a todos nos hubiera parecido muy adecuada.
15   (*Por* MARTÍN.) A este señor, el primero. Pero con eso
de empezar a tiros,[61] te has hecho muy impopular. (*A*
MARTÍN.) ¿Verdad?

JAIME (*disculpándose*): ¿Qué querías que hiciese, ya que
estaba en esta calle, y con seis balas en el cargador?
20 MARTÍN: Por lo pronto, apuntar para otro lado.[62]

ANA: Y, ¿qué tenías que hacer en esta calle, me quieres
decir?

MARTÍN: Esto no es camino de ningún sitio.[63]

LEONARDO: Y, ¡tan lejos de su casa!

(JAIME *mira a unos y a otros con creciente indignación,
hasta que, irritado, da un golpe en la mesa.*)

25 JAIME: ¡Bueno! Me parece que están ustedes abusando
de la situación. (*A* MARTÍN.) Usted, no. Usted es el
único que puede llamarme lo que quiera.

[60] **Como frase** As an expression
[61] **Pero ... tiros** But by starting all this shooting
[62] **Por lo ... lado** Right off, by aiming somewhere else
[63] **Esto ... sitio** This street doesn't lead anywhere

ANA: Mira, mejor que no te lo llame.

JAIME (a MARTÍN): Si estuviéramos vivos, le pondría a usted una carta, dándole toda clase de explicaciones ... Le mandaría unas flores ...

MARTÍN: No se preocupe. Mañana recibiré algunas, su- 5 pongo.

JAIME (a ANA y LEONARDO): Pero, ustedes, se aprovechan de que, ya, en este estado, las pasiones parece que se van quedando atrás ... ¡Que si no! 64

LEONARDO: ¿Qué iba usted a hacer?					10

ANA: ¿Te parece poco lo que has hecho?

JAIME (a ANA, molesto): ¡Mira que atreverte a preguntarme, todavía, qué hacía en esta calle!

ANA: ¡Ah, vamos! ¿Todo, porque había venido a casa de este señor?					15

(Por LEONARDO.)

JAIME: ¡Un hombre a quien ni siquiera conozco!

ANA: Yo creí que os conocíais, de la Peña 65 ... Perdona. (Va a presentarles.) Leonardo ...

LEONARDO (fríamente): ¿Es indispensable?

JAIME (seco): Por mi parte, no.66					20

ANA (alzándose de hombros): Bueno, como quieras. Yo creí que, ya, entre muertos ... (A JAIME.) Sobre todo, cuando no es nada de lo que tú supones.

JAIME (escéptico): ¡Ah! ¿No?

ANA (dispuesta a mentir, resueltamente): No, señor. Ni 25 muchísimo menos.67 Yo vine a ver a este caballero en nombre de una amiga ..., a reclamar unas cartas ... (A LEONARDO.) ¿Verdad?

---

64 ¡Que si no! But if it weren't so!
65 de la Peña from the Club (A peña may be a literary, artistic, or social group that meets at indiscriminate times at a particular place.)
66 Por mi parte, no As far as I'm concerned, it isn't
67 Ni muchísimo menos Not in the slightest

LEONARDO (*poco convencido*): Sí.

JAIME (*resuelto a no creer una sola palabra*): ¿Qué clase de cartas?

ANA: Unas cartas de amor.

5 JAIME: ¡Ah!

MARTÍN: ¡No iban a ser unas cartas geográficas!

JAIME (*a* MARTÍN, *irritado*): ¿Se puede saber quién le da a usted vela en este entierro? 68

MARTÍN: Perdón, pero me parece que ha sido usted. Este
10 entierro es, también, el mío.

JAIME: Eso no le da derecho a ...

MARTÍN: Mire, me da derecho a todo. ¡Si, encima, me voy a tener que estar todo el tiempo callado como un muerto!

15 ANA (*a* JAIME): Tiene razón. (*A* MARTÍN, *amable*.) Usted es ya como de la familia 69 ...

JAIME (*sombrío*): ¿A qué le llamas tú la familia? 70

ANA: Quise decir, como de casa.71

JAIME: ¿De qué casa? ¿De ésta?

20 ANA: No cambies de conversación. Te estaba contando lo de las cartas de mi amiga. Eran unas cartas muy comprometedoras. ¡Terribles! Cada renglón, un volcán ... Cada frase, una llama ... Cada adjetivo, una brasa ... Esas cartas constituían un peligro constante. Mi amiga es
25 casada ...

MARTÍN: ¡Ah! ¿También?

ANA (*a* MARTÍN): ¡Claro, hombre! ¿Qué quería usted que fuera? (*A* JAIME.) Y, ¡como Leonardo se negaba a devolverlas! ...

---

68 ¿Se puede ... entierro? Might I ask who invited you to this party? (*Lit.* Might I ask you who gave you a candle at this burial?)

69 Usted .. familia You are now part of the family

70 ¿A qué le ... familia? What are you calling family?

71 Quise ... casa I meant to say, like part of the household

JAIME: ¿Quién es Leonardo?

ANA: ¡Ay, no me interrumpas! (*Indicando.*) Leonardo, es éste ...

JAIME: ¡Ah! Sigue ...

MARTÍN (*a* ANA): No quería devolverlas, ¿eh?   5

ANA: ¡Figúrese! Mi amiga estaba aterrada. Me suplicó que viniera, en su nombre, a rogarle ... Necesitaba recuperar esas cartas, que había escrito en diez o doce momentos de irreflexión.[72] Yo, no me podía negar. Por hacerle un favor ..., nada más que por hacerle un favor ..., accedí, y 10 vine a esta casa ...

JAIME (*friamente*): ¿Y qué? [73]

ANA: Nada más. Que vine a esta casa, sencillamente, a lo que acabas de oír.[74]

JAIME (*tranquilo*): ¿Has terminado?   15

ANA: Sí. ¿Por qué?

JAIME: Porque quiero advertirte que si está mal que una mujer mienta, en vida, pero se admite por la fuerza de la costumbre, ya, después de muerta ... [75]

ANA: ¡Ah! ¿Es que no me crees?   20

JAIME: Ni una palabra.

ANA (*a* LEONARDO): ¡Dígale usted ... !

JAIME (*a* ANA, *por* LEONARDO): A este señor, le voy a creer todavía menos.

ANA: ¡Que me caiga muerta aquí mismo si [76] ... !   25

JAIME (*interrumpiéndola, señalando al sofá*): Tarde, para eso. Ya te has caído. (ANA *calla.*) Y, ¿qué amiga era ésa de las cartas?

ANA (*turbada*): No lo puedo decir.

[72] que había ... irreflexión that she had written during some thoughtless moments
[73] ¿Y qué? And then what?
[74] a lo que acabas de oír over what you have just heard
[75] ya, ... muerta now, after one is dead
[76] Que me ... si May I drop dead right here if

Jaime: ¿Por qué no?

Ana: No debo ... Si doy su nombre, puede enterarse todo el mundo ...

Martín: Todo el otro mundo, nada más.

5 Jaime (*tranquilo*): ¿Ves cómo estabas inventando? No puedes dar su nombre, porque no hay tal amiga.

Ana (*busca en su memoria y decide*): Bueno, pues, para que lo sepas, era ... ¡Eugenia!

Jaime (*súbitamente furioso*): ¿Eugenia? (*Se dirige a*
10 Leonardo, *indignadísimo.*) ¿Qué tenía que escribirle a usted Eugenia?

Ana (*gritando, muy sorprendida por el nuevo giro de la cuestión*): ¡Jaime!

(*La escena se interrumpe por el ruido de los motores y de los frenazos de dos motocicletas, en la calle. Los cuatro quedan suspensos, escuchando, y miran hacia la puerta de la izquierda.*)

Voz de Ibáñez 257 (*en el vestíbulo*): ¡Aquí hay otro!

Voz de Ibáñez 138 (*en la calle*): ¿Muerto, también?

15 Voz de Ibáñez 257: Muy vivo, no parece.

Voz de Ibáñez 138: ¡No toques nada!

(*Entra en escena, por la izquierda,* Ibáñez 257. *Es un guardia motorizado. Viste de uniforme. Representa menos de treinta años. Enciende la luz de la lámpara del techo, después de haber buscado la llave junto a la puerta. Mira a su alrededor, cuando ha entrado en la habitación. Se dirige al sofá, al descubrir la mano en el suelo.*)

Ana (*estremecida*): No me gusta que me vean muerta. Es como si me vieran desnuda.

IBÁÑEZ 257 *queda contemplando el cadáver de* ANA.
Entra, por la izquierda, IBÁÑEZ 138. *Viste el mismo uni-*
forme. Tiene cerca de cincuenta años. IBÁÑEZ 257 *vuelve*
la cabeza, al oírle entrar.)

IBÁÑEZ 257: Y, aquí, hay una señora. (IBÁÑEZ 138 *se*
acerca.) Que estaba imponente, nada más.[77] (JAIME,
LEONARDO *y* MARTÍN *miran a* ANA, *Esta, con una sonrisa*
ruburosa, halagada por el piropo póstumo, trata de
disimular, arreglándose el pelo y algún detalle del
vestido. IBÁÑEZ 138 *vuelve la vista y ve el teléfono,*
hacia el que se dirige. Mirando todavía detrás del sofá.)
¡Pero qué imponente! (IBÁÑEZ 138 *marca un número en*
el teléfono, y espera. A su compañero.) ¿Tú crees que
habrá sido por celos?   5
IBÁÑEZ 138 (*Marcando en el teléfono*): Seguramente.
IBÁÑEZ 257: ¡Así, cualquiera! [78]

(ANA *dirige una mirada agradecida a* IBÁÑEZ 257.)

IBÁÑEZ 257 (*volviendo al centro de la escena*): ¡Y decían
que éste era un barrio tranquilo!
IBÁÑEZ 138 (*al teléfono*): Oye ... Ponme con el Jefe [79] ... 10
Ibáñez ... Ibáñez 138 ... (*Espera un momento. Responde.*)
Ibáñez ... Ibáñez 138 ... (*Mientras espera, con el auri-*
cular al oído, a IBÁÑEZ 257.) ¡También es pata que,
teniendo el mismo apellido, nos hayan puesto de
pareja! [80] ¡Hay que dar siempre el número, además! ... 15
IBÁÑEZ 257: Sí. Ha sido falta de imaginación.

[77] **Que estaba ... más** Who was just gorgeous
[78] **¡Así, cualquiera!** Under these circumstances anyone (would
have done the same)!
[79] **Ponme con el Jefe** Connect me with the Chief
[80] **¡Tambien ... pareja!** It's also a nuisance that, with the same
name, they should put us on the same beat!

IbÁÑez 138: Tú, que eres más nuevo, te podías poner un seudónimo, para facilitar ...

IbÁÑez 257: No sé qué me voy a poner ... ¿Te parece Chamaco? [81]

5 IbÁÑez 138 (*al teléfono*): Sargento ... Aquí, Ibáñez ... Ibáñez 138 ... Para informar de que, en el barrio Metropolitano, hemos perseguido y hecho fuego a un individuo ...

Jaime (*molesto*): ¡Individuo!

10 IbÁÑez 138 (*continuando, al teléfono*): ... que había disparado contra tres personas, causándoles la muerte. Una, en la calle. Y dos dentro de una casa ... Sí ... Hacia las once ... poco después ... ¡Sí, sí, lo hemos despachado!

Jaime (*más molesto*): ¡Despachado! ... ¡También!

15 IbÁÑez 138 (*al teléfono*): Le dimos el «alto» reglamentario [82] cuando trataba de huir, en su coche, después de los crímenes ... Sí, se había dejado el coche cerca, en una esquina. Le hemos puesto una multa, además, por aparcar en una esquina ... Sí, claro ... Hicimos fuego ... Sí.

20   Seis agujeros ...

(Jaime *mira la ropa.*)

Ana (*a* Jaime): Para estas cosas, se pone uno un traje viejo.

IbÁÑez 138 (*al teléfono*): En el número diecinueve de la Avenida del Pinar ... Muy bien ... Entendido ... ¿El

25   teléfono de aquí? (*Mira el número en el aparato.*) El 362701. Muy bien. A la orden. (*Cuelga. A* IbÁÑez 257.) Que esperemos, que ahora vienen.[83]

---

[81] **No sé ... Chamaco?** I don't know what name to take . . . How do you like Chamaco? (*Chamaco is the professional name of Antonio Borrero, a popular bullfighter*)

[82] **Le dimos ... reglamentario** We shouted "halt" according to regulations

[83] **Que esperemos, ... vienen** We're supposed to wait; they're coming right over

IBÁÑEZ 257: Oye, no, hemos mirado bien, no vaya a haber [84] más víctimas ...

IBÁÑEZ 138: ¿Qué quieres que sea esto, el Vietnam? [85]

IBÁÑEZ 257: ¿Tú crees que nos ascenderán por este servicio?

IBÁÑEZ 138: Hombre, el haber cazado al agresor, tan a 5 punto,[86] una citación, por lo menos ...

JAIME (*indignado*): ¡No faltaba más que eso! [87]

MARTÍN (*a* JAIME, *por los guardias*): Ellos procurarán echarle al caso toda la película posible.[88]

LEONARDO: Tocan a tres blancos cada uno.[89] 10

ANA: Detalle muy interesante, para un tirador como tú.

JAIME (*indignado*): ¡Con dos cargadores por barba,[90] y a veinte metros, vaya una gracia! [91] ¡Claro, como ellos no pagan las municiones, si no que las pagamos los contribuyentes! ... 15

ANA (*a* JAIME): No te preocupes. Los seis disparos no pueden haber sido mortales de necesidad. Uno, o dos, todo lo más.[92] (*A* MARTÍN.) ¿No le parece a usted?

MARTÍN: ¡Claro!

(*Se oyen, en la calle, unos gritos de mujer, entre terror y pena.*)

VOZ DE RUFINA (*dentro, gritando*): ¡Ay, el señor! ¡El señor! 20

(*Todos vuelven la cabeza hacia la izquierda.* IBÁÑEZ 138 *e* IBÁÑEZ 257 *se dirigen a la puerta.*)

[84] **no vaya a haber** there might be

[85] **el Vietnam** *allusion is made to the recent civil war in that country*

[86] **tan a punto** on the spot

[87] **¡No faltaba ... eso!** That's all we needed!

[88] **Ellos procurarán ... posible** They will try to make the incident as dramatic as possible

[89] **Tocan ... uno** Each one has three bullseyes

[90] **por barba** per man

[91] **¡Vaya una gracia!** That's no feat!

[92] **todo lo más** at the most

IBÁÑEZ 138 (*a* IBÁÑEZ 257): Mira a ver quién es.
IBÁÑEZ 257: Voy.

(*Sale, por la puerta de la izquierda. Se sigue escuchando las exclamaciones de* RUFINA, *en la calle. El perro ladra más fuerte.*)

VOZ DE RUFINA (*dentro*): ¡Ay, el señor! ... ¡Cállate, «Sultán»!
5 MARTÍN (*explicando*): Es Rufina.
ANA: Y, ¿quién es Rufina?
MARTÍN: Mi doncella.
VOZ DE RUFINA (*dentro, más cerca*): ¡Ay, que han matado a mi señor!
10 MARTÍN: ¡Mire que le tengo dicho que no grite!
LEONARDO: ¡Hombre, en un caso así! ...
ANA: Y, si es de pueblo [93] ... ¡No quiero pensar en mi cocinera!
VOZ DE RUFINA (*en el vestíbulo, aún más asustada*): ¡Ay!
15 ¡Otro!
IBÁÑEZ 257 (*entrando, por la izquierda, con* RUFINA, *a la que empuja en el brazo*): Sí, mujer. ¿Qué te habías creído? Una desgracia nunca viene sola.

(RUFINA *es una doncella joven, de muy buen ver. Viste de uniforme, sobre el que lleva una rebeca de color. Viene muy impresionada y muy nerviosa.*)

RUFINA: ¡Ay, Dios mío! Eso ha sido [94] el señorito Diego ...
IBÁÑEZ 138 (*profesionalmente interesado*): ¿Quién es el
20 señorito Diego?
IBÁÑEZ 257 (*advirtiendo a* RUFINA): ¡Cuidado, chata! Que

---

[93] **Y, si es de pueblo** And if she's from the country
[94] **Eso ha sido** This was done by

todo lo que digas puede volverse contra ti. Y el señorito
Diego, también puede volverse contra ti.

IBÁÑEZ 138 (*casi en tono de Juez*): ¿Quién es el señorito
Diego?

ANA (*a* MARTÍN, *impaciente*): ¿Quién es el señorito Diego, 5
demonio?

MARTÍN: Pues ...

(*Va a hablar, pero como* RUFINA *lo hace, indica, con un
gesto, que ella lo explicará.*)

RUFINA (*a* IBÁÑEZ 138): Es el sobrino del señor. Lo ha
matado, para heredarle. No ha hecho más que darle
coba toda su vida, para eso.[95]   10

IBÁÑEZ 257 (*a* RUFINA, *indicando con el gesto la acción
de disparar*): ¡Si le llamas tú dar coba a ...!

RUFINA: Habrá querido cambiar de sistema. Porque no le
quepa a usted duda, tráfico, que lo que el señorito
Diego quiere es heredarle. Y, nada más que porque es
sobrino suyo ... ¡Como si una no tuviera, también, su 15
derecho! [96] ...

ANA (*a* MARTÍN): ¡Ah! ¿Con que ...?

MARTÍN: ¿Qué dice esa insensata?

IBÁÑEZ 257 (*a* RUFINA, *interesado*): Oye, tú, cuenta,
cuenta ...   20

RUFINA (*dándose cuenta de lo que ha dicho*): No. De eso,
nada, oiga. Porque el señor, ahí donde lo ve usted, era
un caballero. ¡Que si no! [97] ... Y, vamos, que se lleva
una lo mejor de su vida aguantando, con lo esperanzador
que es un señor soltero ... que soporte una que ni la 25

[95] No ha ... eso His whole life all he has done is play up to him,
for that reason
[96] ¡Como si ... derecho! As if I didn't have my rights too!
[97] ¡Que si no! Otherwise!

toquen el pelo de la ropa, para que, a última hora,
llegue el señorito con sus manos limpias ... *(A* IBÁÑEZ
138.) Porque, para que lo sepa usted, que parece más
de fiar,[98] yo creo que ha sido el señorito Diego.

5 IBÁÑEZ 138: ¿Pondrías la mano en el fuego?

RUFINA: ¡Vaya una cosa! [99] Se pasa una el día poniendo
la mano en el fuego por mucho menos!

IBÁÑEZ 257 *(a* RUFINA): Pero, ven acá ... ¿Tú crees factible
que, para heredar, haya despachado el señorito Diego
10   a medio barrio? ¿Es que quiere ser heredero universal?

RUFINA: Entonces ... ¿se sabe quién es el causante?

IBÁÑEZ 257: Era.

RUFINA *(asustada)*: ¿Lo han ... ?

IBÁÑEZ 257: Seis impactos.

15 RUFINA: ¡Qué barbaridad! No sé lo que son impactos, pero
me resultan muchos,[99a] de todas maneras.

JAIME: Esta chica tiene mucho sentido.

IBÁÑEZ 138 *(a* RUFINA): ¿Le parece mal que lo hayamos ... ?

RUFINA: No, señor. Me parece muy requetebién.

20 JAIME *(molesto)*: ¡Mira!

RUFINA: Porque, ¡lo que han hecho con mi señor! ... ¡Eso,
no tiene nombre!

MARTÍN *(a* JAIME): Dése cuenta. La pobre, lo dice con la
mejor intención ...

25 RUFINA: Porque, así, de pronto, en medio de la calle ...
Vamos, ¡que no me digan a mí que eso está ni medio
bien! A mi señor lo que le convenía, a su edad, era una
enfermedad de esas que duran mucho, y hay tiempo de
todo ... De que una le cuide y se pase las noches en vela ...

30 MARTÍN *(conmovido)*: ¡Qué corazón el de esta chica!

ANA: Sí.

---

[98] **que parece ... fiar** who looks more trustworthy
[99] **¡Vaya una cosa!** That's nothing!
[99a] **pero me resultan muchos** but they strike me as being an awful
lot

MARTÍN: ¡Sólo le faltaba el tomar bien los recados por teléfono!

ANA: Es que, eso, es ya el Doctorado [100] ...

RUFINA: Así, había ocasión de hacer testamento, y de acordarse de todo lo que una había hecho desinte- [5] resadamente ... (*Indignada*.) ¡Porque verán ustedes como ni siquiera tenía hecho testamento!

ANA (*a* MARTÍN): ¿Tenía usted hecho testamento?

MARTÍN (*contrariado*): Yo no hago tonterías.

RUFINA: Y, el señorito Diego, ahora, de rositas [101] ... ¡Les [10] digo a ustedes! ... (*Suspira*.) Bueno, ¿puedo recoger al señor y llevármelo a casa?

IBÁÑEZ 257: ¿Qué, lo quieres planchar?

RUFINA: ¡No sea usted irrespetuoso! Es que, ahí, tirado en el suelo ... ¡Cualquiera que pase! [102] ¿Qué van a pensar de [15] nosotros?

IBÁÑEZ 138: No se puede tocar nada, hasta que venga el Juez. (*A* IBÁÑEZ 257.) Tú, estáte en la puerta.

RUFINA: ¿Va a venir mucha gente?

IBÁÑEZ 257: ¡Huy! ¡Hasta fotógrafos! [20]

RUFINA: Tendré que arreglarme un poco ... (*A* IBÁÑEZ 138.) ... porque me podré quedar, ¿verdad usted? En la casa, me va a dar miedo. ¡Mire que si se me aparece el señor! [103]

ANA (*a* MARTÍN): No se le irá a usted a ocurrir [104] ... [25]

IBÁÑEZ 138: ¿Por qué se te va a aparecer tu señor?

RUFINA: ¡Vaya usted a saber! [105] Porque se les haya olvidado

---

[100] **Es que ... Doctorado** Now that's the Doctorate (i.e., the highest degree of perfection)

[101] **de rositas** with no worries at all

[102] **¡Cualquiera que pase!** Anyone passing (might see him)!

[103] **¡Mire ... señor!** My master might appear before me!

[104] **No se ... acurrir** You wouldn't think (of doing that)

[105] **¡Vaya usted a saber!** Who can tell!

algo ... O porque quiera que le digan misas ... Las almas
en pena, ya se sabe ... En mi pueblo, una vez ...

IBÁÑEZ 257: ¿Tú crees que le iba a pedir las misas a la
chacha, como si fuera el desayuno?

5 IBÁÑEZ 138: Se las pedirá a alguien más influyente.

RUFINA (*decidida*): Pues, yo, le mando decir una misa, de
todas maneras. De mis ahorros.

ANA (*a* MARTÍN): Dé usted las gracias.

MARTÍN: No sé cómo ...

10 ANA (*pensando*): Tiene que haber alguna manera ...

IBÁÑEZ 138 (*a su compañero, por* RUFINA): Acompáñala,
y que se lleve el perro ...

MARTÍN: Al perro, no podrán arrancarlo de mi lado.

JAIME: Quizá, ofreciéndole un hueso ...

15 MARTÍN: Me sorprendería mucho que, por un hueso ...

IBÁÑEZ 257 (*a* RUFINA): Vamos, tú. (*A* IBÁÑEZ 138.) Oye ...
Antes de ... sé que no se puede tocar nada hasta que
venga el Juez ... Pero, esa señora ...

RUFINA (*sorprendida*): ¿Qué señora? ¿Es que, también,
20 hay señoras?

IBÁÑEZ 257: Claro, mujer: El móvil. ¿Por qué te crees tú
que se matan los hombres, fuera de la guerra? (*A* IBÁÑEZ
138, *señalando*.) Está ahí, en el suelo ...

RUFINA (*mirando al sofá*): ¡Ay, Virgen Santa!

25 IBÁÑEZ 257: ... con la falda levantada ... Me da no sé qué.
Yo creo que, por bajarle la falda hasta lo decente, no se
van a chafar las diligencias.

RUFINA: Pero, ¿va a haber diligencias?

IBÁÑEZ 138 (*accediendo*): Bueno. Como quieras.

(JAIME, LEONARDO *y* MARTÍN *miran a* ANA, *que baja los
ojos, ruborosa y conmovida.* IBÁÑEZ 257 *va al sofá.*
RUFINA *le sigue, curiosa.* IBÁÑEZ 257 *se inclina detrás del
sofá y se supone que cumple su deseo.*)

Rufina (*compasiva, mirando*): ¡Pobre!
Ibáñez 257 (*incorporándose*): ¡Ea! ¡Ya está!

(*Dirige hacia detrás del sofá una última mirada, con cierta ternura. Ana alza la vista y mira, emocionada. Rufina se santigua respetuosamente.*)

Ana (*a los otros*): Con permiso de ustedes ...

(*Se dirige a Ibáñez 257, que va hacia la puerta de la izquierda, llevando a Rufina de un brazo. Ana se adelanta y aguarda. A su paso besa a Ibáñez 257 en la mejilla. Ibáñez 257, sorprendido, extrañado, se detiene y mira a su alrededor.*)

Ibáñez 138: ¿Qué pasa, ahora?
Ibáñez 257 (*sin comprender*): No sé ... Me ha parecido ... Como si me rozasen la cara ...
Rufina: Habrá sido un soplo de viento ... ¡Con la puerta abierta! ...
Ibáñez 257 (*pensativo, tocándose la mejilla*): Eso habrá sido ... ¡Muy agradable!

(*Se dirige a la puerta, con Rufina, mientras Ana se vuelve a Martín.*)

Ana: ¿Ve usted cómo siempre hay un medio?

TELÓN

ACTO SEGUNDO

En el mismo lugar, media hora después. Está encendida otra de las lámparas, y también la luz del vestíbulo. Al levantarse el telón se hallan en escena, al fondo, mirando hacia la calle, junto al ventanal, ANA, LEONARDO y MARTÍN. Detrás del sofá, y en la puerta de la izquierda, ya no asoman los brazos de ANA y LEONARDO.
Junto al teléfono, hablando por él, IBÁÑEZ 138.

IBÁÑEZ 138 *(al teléfono)*: Sí, sí... En este momento salen. A la orden.

(Cuelga, y se dirige a la puerta de la izquierda. Al mismo tiempo se oyen dentro los motores de dos ambulancias y las sirenas o campanillas que avisan su paso. IBÁÑEZ 138 sale por la puerta de la izquierda. ANA, LEONARDO y MARTÍN siguen con la mirada, en silencio, las ambulancias, que se alejan. Después se miran unos a otros.)

MARTÍN *(con un suspiro y un gesto irónico)*: ¡Buen viaje!
ANA *(preocupada)*: ¿No siente usted nada al decirse
5 «adiós»?

(Vuelven los dos al centro de la escena. LEONARDO queda junto al ventanal, silencioso.)

MARTÍN: ¿Por qué? Lo que se han llevado de mí, y no con buenos modales, por cierto, nunca me ha tenido muy entusiasmado. Se va mi físico y, con él, mis primeros indicios de vejez: las caries, la calvicie. Y, también, mis
10 deseos peores. Desde dentro, mi envoltura no me in-

54

teresaba gran cosa. Empezaba a evitar los espejos ...
¡Imagínese ahora, que me he visto desde fuera!

ANA: Es que, de muerto, se pierde mucho.

MARTÍN (*galante*): Usted, resultaba una muerta encanta-
dora.   5

ANA (*con falsa modestia*): ¡No, por Dios! Del montón.
En activo, yo era otra cosa. Siento que no me haya usted
conocido antes. ¿Verdad, Leonardo?

(LEONARDO, *que no escuchaba la conversación, se
vuelve.*)

LEONARDO: ¿Decías?

MARTÍN: No hace falta que conteste. A eso, había con- 10
testado ya.

ANA: ¿Qué haces ahí?

LEONARDO (*volviendo del ventanal*): Pensaba ...

ANA: ¡También son ganas! [1]

LEONARDO: A mí, me habría interesado ir ...   15

MARTÍN: ¿Al depósito?

ANA: ¿Corriendo, detrás de la ambulancia?

LEONARDO (*rechazando la idea*): Sí, claro ...

ANA: Muy cansado.[2]

MARTÍN: Y, ¿por qué corriendo? Aún no hemos probado, 20
si disponemos, ya, de otros medios de transporte ...

LEONARDO: ¿Usted cree?

MARTÍN: Sin duda. Se nos proveerá de todo el equipo de
propiedades ultraterrenas ... Pero yo no le aconsejaría ...
El espectáculo que iba usted a presenciar, no será muy 25
atractivo. El corazón, ese corazón que, metafóricamente,
en los juramentos de amor, era suyo, visto de cerca, le
desilusionaría bastante. Nunca se hace uno a la idea de

---

[1] ¡**También son ganas!** Everyone to his own taste!
[2] **Muy cansado** It's very tiring

que el corazón no es como el de la baraja francesa.[3]
Estamos mejor aquí ... Mientras nos lo permitan.

ANA: Creo lo mismo. Con un poco menos de luz ...

(*Entra, por la izquierda,* IBÁÑEZ 138. *Viene hablando a
su compañero, que queda en la calle.*)

IBÁÑEZ 138 (*en la puerta del vestíbulo*): Diles que despejen,
5 que ya no hay nada más que ver ...

(*Llega al centro de la escena.*)

ANA: ¡También la gente! ... Eso es una curiosidad mor-
bosa ..

LEONARDO: Todas las curiosidades son morbosas.

MARTÍN: ¡Incluida la científica!

10 ANA: ¡Claro, les sirven los crímenes gratis a la puerta de
casa! ... En el cine, menos de un duro ... Y, aunque haya
sido una producción española ... Lo raro es que [4] no se
hayan vendido bombones y caramelos. (IBÁÑEZ 138, *que
ha apagado, al entrár, la luz del vestíbulo, mira a su
alrededor. Cree que hay demasiada luz, todavía. Apaga
la lámpara del techo. La escena queda iluminada solamente por las dos lámparas con pantalla, y el claro de
luna que entra por el ventanal. Aprobando.*) Así, mucho
15 mejor. Este guardia tiene un gran sentido de la intimidad.

(IBÁÑEZ 138 *ha ido al teléfono. Lo ha descolgado y marca
un número.*)

IBÁÑEZ 138 (*al teléfono*): Oiga ... Sí, soy yo. Pregúntale
al Jefe qué hacemos. (*Espera. Por la puerta de la dere-*

---

[3] **la baraja francesa** French playing cards (*These are like the
American. The Spanish deck does not have a heart suit.*)
[4] **Lo raro es que** What is strange is that

cha entra JAIME *con un pequeño velador en las manos.
Va con él al sofá. Se sienta. Los otros le miran. Al teléfono.*) Sí, sí. Bueno. ¿Es que van a venir? ... Por si acaso,
claro. Bueno, aquí estaremos. Adiós.

(*Cuelga. Va al aparato de radio. Lo conecta y busca una
estación.* JAIME, *sentado en el sofá, juega con el velador,
muy interesado. En el aparato de radio, que sintoniza*
IBÁÑEZ 138, *se oyen distintas voces de locutores, sucesivamente.*)

VOZ DE UN LOCUTOR: Los mejores calzados ...

(IBÁÑEZ 138 *busca otra estación.*)

VOZ DE UNA LOCUTORA: Amor mío ...
VOZ DE UN LOCUTOR: ¿Qué, mi vida? 5
VOZ DE UNA LOCUTORA: No. Si no es a usted.[5] ¿Qué se
había creído? Es el título de este disco que nos piden
desde Alcázar de San Juan.[6]
IBÁÑEZ 138 (*cambiando la estación, y separando mucho las
tres sílabas, con una sonrisa*): ¡Ja! ¡Ja! ¡Ja!
VOZ DE OTRO LOCUTOR: Por corte en el suministro de 10
energía eléctrica,[7] nos hemos visto obligados a ...

(*Desanimado,* IBÁÑEZ 138 *cierra la conección. Va hacia
la puerta de la izquierda.*)

LEONARDO (*molesto*): Supongo que no estaría buscando,
ahora, música de baile ...
ANA: Puede que buscase algún serial de crímenes ...
MARTÍN: ¿Más, todavía? 15

[5] **Si no es a usted** I was not addressing you
[6] **Alcázar de San Juan** *a small town in the province of Ciudad
Real, south of Castille*
[7] **Por corte ... eléctrica** Because of a curtailment in the supply of
electric power

(IBÁÑEZ 138 *vuelve al centro de la escena. Toma de una mesa una revista, y se sienta con ella en un sillón, cerca de la luz. Se pone a leer.* JAIME *continúa manipulando con el velador.*)

ANA (*nerviosa, a* JAIME): ¿Quieres estarte quieto, Jaime?

MARTÍN (*a* JAIME): Sí, oiga ... El dar vueltas a los objetos,[8] trae mala suerte.

JAIME (*fatalista*): ¡Ya! [9]

5 LEONARDO (*inquieto*): Ahora es cuando más necesitamos la suerte ..., la definitiva.

ANA (*a* JAIME): ¿Se puede saber qué estás haciendo?

JAIME: Quiero aprender a manejar esto.

MARTÍN: ¡Ah! ¿No sabe usted? Es muy fácil. Unos amigos

10 míos, las noches que se les hacía tarde para ir al cine ... (*Va a* JAIME *y le corrige la posición.*) ¡Así, no, hombre! Primero, se forma la cadena, estableciendo el contacto con las manos ...

JAIME (*interesado por el velador*): Eso, es para llamar.

15 Ahora, ya, lo que a mí me interesa es cómo se contesta, cómo hay que hacer para ...

MARTÍN: Pues, con una pata, un golpe es que sí ..., dos golpes, que no.[10]

ANA: ¿Que no, qué? [11]

20 MARTÍN: Lo que sea.[12]

JAIME: También lo sé. Y es muy cansado. Porque, además, nunca se está de acuerdo en si la «elle» es una letra, o son dos ... Yo, lo que quiero es entrenarme en lo otro.

---

[8] **El dar ... objetos** Fidgeting with objects
[9] **¡Ya!** Of course!
[10] **un golpe ... no** one knock means yes . . . , two knocks, no
[11] **¿Que no, qué?** No, for what?
[12] **Lo que sea** Whatever it may be

Levantar en el aire el velador, sostenerlo en equilibrio
en una sola pata ... Lo vistoso.

ANA: ¡Qué simpleza! ¿Para qué quieres aprender eso?
(*Cayendo en la cuenta.*) ¡Ah, claro! Tú esperas que te
llame Eugenia, que siempre ha creído en esos disparates. 5

JAIME: No, mujer. ¿Por qué? Te aseguro que, entre Eugenia y yo ...

ANA: Sí, ¡qué me lo voy a creer! [13] ... Hace un rato, diste
un grito que te salió del alma.

JAIME: Ten en cuenta que el alma es lo único que me 10
queda.

ANA: ¡Hay que ver cómo te pusiste con el pobre Leonardo! [14]

JAIME (*entre dientes, sarcástico*): ¡El pobre Leonardo!

ANA: ¡Ya ves cómo te saqué una verdad con una mentira! 15

JAIME: La mentira, ¿era lo de las cartas de tu amiga?

ANA: ¡Claro!

JAIME: ¿Tú habías esperado que yo me creyese una cosa
así?

ANA: No, hombre.   20

JAIME: Entonces ...

ANA: Cuando una miente, no es siempre para que los
demás la crean. Una mujer, en un trance apurado, debe
inventar lo más inverosímil. (*Ríe.*) ¿Cómo le iba a
haber escrito Eugenia unas cartas a Leonardo? [15]   25

JAIME: ¡Claro! Era absurdo.

ANA: Pero, ya ves lo que ha salido a relucir ... Tu lío con
Eugenia, nada menos.

JAIME: Te digo que ...

[13] **Sí, ... creer!** Of course, I'm going to believe it! (*sarcastic*)
[14] **¡Hay ... Leonardo!** To think how you acted towards poor
Leonardo!
[15] **¿Cómo ... Leonardo?** Why should Eugenia have written letters to
Leonardo?

ANA: No, si no me sorprende. Algo tenía que ser. Hacía
tiempo que no ibas a Barcelona.[16]

JAIME: ¿Qué tiene que ver? [17]

ANA: ¡Muchísimo! Las mujeres, sólo debemos preocupar-
5   nos seriamente cuando nuestros maridos tienen que ir
con demasiada frecuencia a Barcelona, o cuando dejan
de ir por una temporada larga, sin motivo.

MARTÍN: ¿Siempre a Barcelona?

ANA: Los que tienen más imaginación, alternan con Bil-
10   bao. Pero no los saque usted de ahí.[18]

MARTÍN: ¿Pamplona, por ejemplo?

ANA: ¡Qué poca experiencia tiene usted de la vida! No
sé de qué le sirve el haberse quedado soltero ... Cuando
un hombre dice a su mujer que va a Pamplona, va a
15   Pamplona de verdad.

MARTÍN: Sí, pero puede irse con la otra ...

ANA: ¿A Pamplona? No hay precedentes.

JAIME: No sabía que te preocupases tanto por mis viajes.
Pero se ve que te procuraste consuelo, en seguida ...

20 MARTÍN: Perdone ... ¿Puedo permitirme otra pregunta?
Aunque no sea más que por hacer un poco de conversación general.

JAIME: Diga.

MARTÍN: Si usted engañaba a su mujer, desde hacía algún
25   tiempo,[19] ¿por qué la ha matado, al descubrir que ... ?
¿Es usted de los que creen que la infidelidad es una
exclusiva de nuestro sexo?

ANA: ¡Ahí le duele! [20]

---

[16] Hacía ... Barcelona It had been some time since you last went
to Barcelona

[17] ¿Qué tiene que ver? What has that to do with it?

[18] Pero ... ahí But don't take them out of there (*Barcelona or
Bilbao*)

[19] desde ... tiempo for some time

[20] ¡Ahí le duele! That's where it hurts him!

JAIME: ¿Dónde?

ANA: No lo puedo decir. No estoy entre mujeres.

JAIME (*a* MARTÍN): Nunca es lo mismo. ¡Mientras a los
hombres sea a los que nos corresponde el ridículo! [21]
Una mujer engañada, goza de generales simpatías. Y un [5]
hombre, en ese caso, ¡hay que ver! [22] ... Además, lo mío [23]
no lo sabía nadie. En cambio, lo de ella, [24] por lo visto ...
En el Club creo que ya se hacían chistes sobre mí. Todos
de un gusto pésimo. No tenía más remedio que hacer
algo, o darme de baja. [25]   [10]

ANA (*indignada*): ¡Jaime! ¡Yo creí que esto lo habías
hecho por celos, por unos celos feroces, y te confieso que,
en el fondo, me sentía halagada! ¡Resulta que ha sido
para quedar bien en el Tiro de Pichón!

JAIME: No por eso sólo.   [15]

ANA: ¡Digo! ¡Si te conoceré! [26] Y hubieras sido muy capaz
de presumir después, ¡y hasta de pretender que, en vista
de esto, te hicieran de la Junta Directiva, que era tu
ilusión! Porque tú, claro, pensabas seguir viviendo, tan
tranquilo.   [20]

JAIME: ¡Si esos dos bárbaros me hubiesen interrogado, en
lugar de ponerse a disparar ... ! La ley estaba de mi
parte. Era un caso flagrante.

ANA: Pero tú, ¿cómo averiguaste?

JAIME: Empecé a notar que la gente interrumpía su [25]
conversación, cuando yo aparecía, en cualquier sitio ...
Lo inmediato era sospechar de ti. Y te observé. Estabas
muy contenta los últimos meses; parecía como si te

---

[21] **¡Mientras ... ridículo!** While it's the men who receive all the
ridicule!

[22] **¡hay que ver!** you should see (how things go for him)!

[23] **lo mío** my affairs

[24] **lo de ella** her affairs

[25] **o darme de baja** or resign from the club

[26] **¡Digo! ¡Si te conoceré!** Well! I know you!

sonriese la vida ... Y yo no te había dado el menor motivo ...

ANA: ¿Es que no se puede ser feliz sin una razón especial?

5 JAIME: Las mujeres es para lo único que necesitáis una razón.[27] Todo lo demás lo resolvéis a base de pretextos. Me dediqué a espiarte, unos días, a todas horas ...

ANA: Eugenia te echaría de menos ...

JAIME: Todas tus salidas estaban demasiado justificadas.
10 Si habías estado en el cine, podías contar hasta el noticiario ... Los días de peluquero llegabas con ondulación fresca ... Si habías ido de compras, regresabas sin un solo paquete, para probar la coartada. Las tardes de concierto, nunca te gustó lo que se tocaba por primera
15 vez. ¡Y jamás tuviste que esperar un taxi, ni llegaste tarde a casa, por eso! ¡Eran demasiadas casualidades!

ANA: ¡Ah! ¡Así, cualquiera! [28]

JAIME: Esta noche, cuando dijiste que no querías salir, te pregunté si tenías jaqueca, a ver si por ahí [29] ... Con-
20 testaste que no, pero cometiste la falta de insistir mucho en que me pusiese cómodo y me quedara en casa.

ANA: Sí. Contaba con que sólo por llevarme la contraria [30] ..., como siempre ...

JAIME: Fué un error. Salí, esperé en la esquina de Veláz-
25 quez. A poco bajó tu doncella a buscar un taxi. ¡Tu doncella!

ANA: ¡Mi doncella es inocente!

JAIME: Sí. Tan inocente como mi ayuda de cámara.

[27] **Las mujeres ... razón** It's the only thing you women need a reason for
[28] **¡Así, cualquiera!** Under those circumstances, anyone (would have caught on)!
[29] **a ver si por ahí** to see if perhaps
[30] **Contaba ... contraria** I was counting on you to do just the opposite

¡Si en casa no se oía en voz alta más que el parte meteorológico! ... Te vi salir. Te seguí, con el coche, hasta
aquí ...

ANA: ¿Ves cómo ibas de mala fe? Pensando mal, sabías
que tenías que acertar. Pudiste haber supuesto cualquier
otra causa ... Que venía a pedir esas cartas, por ejemplo ...

JAIME: Os vi desde la calle. (*Señala la lámpara que estaba
encendida al principio del primer acto.*) Ni siquiera os
cuidasteis del contraluz.[31] Como estabais no se piden
cartas ... ¡Y menos iba a suponer que Eugenia le había
escrito nada a este señor!

LEONARDO (*un poco picado*): ¿Por qué no?

ANA: Porque era imposible.

LEONARDO: Imposible, ¿por qué? (*A* MARTÍN.) ¿No se me
pueden escribir a mí unas cartas de amor?

MARTÍN: A mí no me pregunte.

ANA: No te canses,[32] Leonardo.

JAIME: Eso no cabe en cabeza humana.

LEONARDO (*a* ANA): ¿No me las escribiste tú?

JAIME (*a* LEONARDO, *riendo*): No se canse.

(LEONARDO, *furioso, se dirige al «secretaire». Abre un
cajón con violencia. Extrae de él un paquete de cartas en
colores atrevidos. Vuelve con aire de triunfo.*)

LEONARDO: ¡Ea! ¡Aquí las tiene! (*Las hojea.*) Eugenia ...
Eugenia ... Eugenia ... «Tuya, Eugenia ... » ¡Cada renglón, un volcán! ¡Cada frase, una llama! (*Tira las cartas
sobre la mesa. A* ANA). ¿No era eso?[33]

(*Sorpresa de los tres.*)

[31] **Ni siquiera ... contraluz** You didn't even bother to block off the
light
[32] **No te canses** Save your breath
[33] **¿No era eso?** That's it, isn't it?

ANA (*en el colmo de la indignación, yendo hacia él*): ¡Leonardo!

JAIME (*deteniendo a* ANA *para adelantarse contra* LEONARDO): ¡Déjamelo a mí! ¡Lo mato!

MARTÍN (*a* JAIME, *conteniéndole*): ¿Otra vez? Lo único que podría usted hacer ya es revivirlo. Y, eso, no creo que le
5   traiga cuenta. En cuanto se repusiera un poco, a las siete de la tarde estaría aquí con Eugenia.

LEONARDO (*extrañado, a* MARTÍN): ¿Quién le ha dicho a usted que a las siete?

MARTÍN: Todas las tardes, Eugenia, antes de las siete,
10   comenzaba a pintarse los labios ...

LEONARDO (*furioso*): ¿Cómo lo sabe?

JAIME (*intrigado*): Es verdad. ¿Cómo lo sabe?

MARTÍN (*evasivamente*): Hombre, todas las mujeres tienen algo que hacer a esa hora, cuando tienen algo que
15   hacer ...

JAIME: Pero usted ...

ANA: Eso, usted ...

LEONARDO: Usted ...

MARTÍN (*paternalmente, a* LEONARDO): No se preocupe. Me
20   di cuenta de cuando le gustó su jardín más que el mío.[33a]

LEONARDO (*dirigiéndose a él*): ¡Oiga!

JAIME (*deteniendo a* LEONARDO, *pregunta a* MARTÍN): ¿Fué antes o después de la última conferencia sobre la unidad alemana?

(ANA *cae sentada en el sofá, muerta de risa, pasado el primer estupor. Los tres se vuelven hacia ella.*)

25 ANA: No te canses, Jaime. Sin jardín, se ve que estabas en condiciones de inferioridad.

(*Entra, por la puerta de la izquierda,* RUFINA, *seguida de* IBÁÑEZ 257. IBÁÑEZ 138, *que ha estado enfrascado en*

[33a] Me di ... el mío I realized it from the time you liked his garden better than mine

su lectura todo este tiempo, alza los ojos y deja la revista
sobre la mesa. Los cuatro interrumpen su acción y
miran a los recién llegados.)

RUFINA (*a* IBÁÑEZ 138): Vengo a decirle a usted que le he avisado al señorito Diego. ¿He hecho mal?

IBÁÑEZ 138: No. ¿Qué ha dicho?

RUFINA: Se ha llevado un susto disforme. Pero no iba a ser el susto para mí sola, ¿verdad usted? A cada cual, el 5 suyo. Y lo que es a él no le van a faltar motivos de alivio,[34] de esos, así, con dibujitos, que hace el Banco de España. Dice que viene para acá en seguida.

IBÁÑEZ 138: Bueno. También va a venir la mujer del otro.

RUFINA: ¿De cuál? 10

IBÁÑEZ 138: Del dueño de la casa.

RUFINA: La viuda, querrá usted decir.

IBÁÑEZ 138: Eso. Había ido al teatro con su hermana.

RUFINA: Pues le han dado el fin de fiesta.[35] Diga usted, ¿me puedo quedar? Esto se va a poner muy bueno, y, en 15 casa, estoy temblando, con todas las luces encendidas.

IBÁÑEZ 138: Mejor será en la puerta.[36] Puede que no les agrade encontrar aquí mucho personal.

RUFINA: Gracias. Al perro lo he encerrado. No quiere comer, ni nada. Me da miedo. ¡Si viera usted! Parece 20 que siente como una persona.

MARTÍN (*conmovido*): ¡Como no son capaces de sentir las personas!

ANA: ¿Usted cree?

MARTÍN: Sospecho que vamos a poder comprobarlo dentro 25 de poco ...

ANA: Es muy posible.

---

[34] Y lo ... alivio As for him, he will have many reasons for consolation
[35] Pues ... fiesta Well, they wound up the show for her
[36] Mejor ... puerta You had better wait at the door

(IBÁÑEZ 257 *toma a* RUFINA *del brazo, y la conduce hacia la izquierda.*)

IBÁÑEZ 257: Anda. Yo te hago compañía.

RUFINA: Es que usted, si vamos a ver, me da más miedo.[37]

5 IBÁÑEZ 257: ¡Mujer! ¡Si estoy bien vivo!

RUFINA: ¡Toma! ¡Pues por eso! [38]

IBÁÑEZ 257 (*ya cerca de la puerta*): ¿Tienes libre el domingo?

RUFINA (*suspirando*): Me parece que voy a tener libres unos cuantos [39] domingos. ¿Es que me quiere usted llevar en la moto?

(*Salen por la izquierda.* ANA, JAIME, LEONARDO *y* MARTÍN *se miran.* IBÁÑEZ 138 *toma la revista y vuelve a leer.*)

10 MARTÍN (*a* LEONARDO): Ya me extrañaba que viviese usted aquí ... Siempre se veía esto muy cerrado.

LEONARDO: Es la casa de mi tía Matilde.

ANA (*mirando con recelo a la puerta de la derecha*): No irá a aparecer tu tía de un momento a otro ...

15 LEONARDO: ¡Se murió hace tres años!

ANA: Por eso lo digo. La verdad es que si tu tía, que era de tantas Juntas benéficas, ve lo que has respetado sus paredes [40] ...

MARTÍN: Ahora tendrá usted que explicarle ...

20 ANA: ¡Sí! ¡Como que se la va a encontrar! [40a] Donde ella esté, a éste no le van a dejar pasar.

(*Entra* RUFINA, *por la izquierda.*)

RUFINA (*a* IBÁÑEZ 138): Ahí está el señorito Diego.

[37] **Es que ... miedo** I'll probably be more afraid of you
[38] **¡Toma! ¡Pues por eso!** Huh! That's the reason!
[39] **unos cuantos** several
[40] **ve lo ... paredes** sees how you have respected her home
[40a] **¡Como ... encontrar!** You think he is going to find her! (*sarcastic*)

IBÁÑEZ 138: ¿Dónde?

RUFINA: En el lugar del crimen. Bueno, el crimen ha sido
un poco desperdigado ... Su compañero de usted, ese
tan descarado, está respetando su justo dolor, hablándole
del partido del domingo.

IBÁÑEZ 138: ¿Está muy afectado?

RUFINA: ¿Por el tres a cero? [41]

IBÁÑEZ 138 (*que se ha puesto en pie, yendo hacia la
izquierda*): Por la desgracia, mujer.

RUFINA (*mirándole con lástima*): Yo creí que ustedes, los
motoristas, tenían más mundo.[42] ¿Usted sabe lo que son
ocho millones de pesetas de un golpe?

IBÁÑEZ 138: Ni de un golpe, ni a plazos trimestrales.

RUFINA (*yendo con él a la izquierda*): Pues añádale uno
más, por si me quedo corta, y pónganse en el caso.[43] ...

(*Salen por la izquierda.* ANA *mira a* MARTÍN.)

ANA (*a* MARTÍN): ¡Vaya! [44] ¡No podía usted quejarse!

MARTÍN (*desengañado*): Ese dinero, que no me dió nunca la
felicidad, sólo sirvió para que los demás buscasen en mí
la suya ...

ANA (*mirándole fijamente*): ¿Nació usted así de cínico, o
ha sido del tifus?

MARTÍN: Nací, como todo el mundo, con un corazón
pequeño, pero confiado ...

ANA (*interesadísima*): ¡Ah! ¡Qué curioso! Entonces, ha
sido la vida, ¿no?

MARTÍN: La vida, sí. Los empleados de las ventanillas de
todas las dependencias oficiales, las facturas de todos los
hoteles, los programas de radio, la política internacional,

---

[41] **¿Por el tres a cero?** Because of the three to nothing score?
[42] **tenían más mundo** (*coll.*) have been around
[43] **por si ... caso** in case I underestimate, and imagine the situation
[44] **¡Vaya!** Come now!

la pintura contemporánea ..., los prospectos de los
específicos,[45] con sus inagotables promesas ...

ANA: Y las mujeres, claro ...

MARTÍN: No podían faltar ... A mí me han hecho sufrir
5 terriblemente tres mujeres y un hombre.

ANA (*extrañada*): ¿Un hombre, también?

MARTÍN: Sí. El dentista.

ANA (*feliz con el tema*): Entonces, naturalmente, ya no
cree usted en nada.

10 MARTÍN: Lo último en que había puesto un poco de fe
era en el tapón irrellenable [46] ... Y ya me han dicho
cómo se puede rellenar ...

ANA: ¡Qué horror! Reconozca usted que, para vivir así,
vale más morirse.

15 MARTÍN: Eso acabo de hacer.

ANA (*pensativa*): ¡Tres mujeres! Cuando una mujer hace
desgraciado a un hombre, suele ser porque el hombre
no ha sabido hacerla feliz. Y una de las tres fué ...

MARTÍN: ¿Quién?

20 ANA (*señalando a* JAIME *y* LEONARDO): Eugenia.

MARTÍN: ¿Eugenia? No. Eugenia no puede hacer desgraciado a ningún hombre. Da demasiado hecha la conquista para que se ponga pasión en ella.[47] Para in-
teresarse por Eugenia, tiene un hombre que estar muy
25 enamorado de sí mismo.

(*Un corto silencio.* ANA *mira a* JAIME *y* LEONARDO.
JAIME *da vueltas al velador.*)

ANA: ¡Estate quieto, Jaime!

[45] **los prospectos de los específicos** the advertising claims of patent
medicines
[46] **el tapón irrellenable** a bottle stopper (*which prevents the bottle
from being refilled*)
[47] **Da demasiado ... ella** She is too free with her affections for any
man to fall in love with her

LEONARDO: Sí. Me está usted poniendo nervioso.

JAIME: Lo está usted hace un rato.[48]

ANA: Deja ese velador en su sitio.

JAIME: El velador sigue estando en su sitio. Lo que tengo aquí no es más que su sombra, su reflejo ... Ya no 5 podemos manejar más que los fantasmas de las cosas. Hagan ustedes la prueba, si quieren ...

ANA: Bueno, pero estate quieto. Eugenia no puede llamarte, porque aún no sabe la noticia.

JAIME: Pero hoy es jueves. Y los jueves hacen velador en 10 casa de los Bustamante. (A LEONARDO.) ¿Verdad?

ANA: ¡Ah! ¡Pues, como te llame, me va a oír! [49]

JAIME: ¡Te guardarás muy bien!

ANA: Tan espíritu soy yo como tú. Un golpe, «sí». Dos golpes, «no». Tres golpes, lo que todavía no le han dicho 15 en su cara.

(*Entra, por la izquierda,* IBÁÑEZ 138, *indicando el camino a* DIEGO. DIEGO *es un joven de veinticinco años, bien vestido.*)

IBÁÑEZ 138 (*a* DIEGO, *señalando*): Ahí tiene usted el teléfono ...

DIEGO: Muchas gracias.

(*Va al teléfono. Descuelga, y marca un número. Espera, y mira a* IBÁÑEZ 138. *Este, discretamente, sale por la izquierda.*)

ANA (*a* MARTÍN): ¿Su sobrino? (MARTÍN *asiente.*) ¿Qué 20 edad tiene?

MARTÍN: No sé. Como puede usted ver, una edad insolente.

DIEGO (*al teléfono*): Oiga ... ¿Es la casa del señor Roca? (MARTÍN *escucha con atención al oír ese nombre. Al*

---

[48] **Lo está ... rato** You've been nervous for some time now
[49] **¡Pues, ... oír!** Well, as soon as she calls, she will hear from me!

teléfono.) Pues haga el favor de despertarle ... De parte del señorito Diego ... Muchas gracias.

(DIEGO *espera*.)

MARTÍN (*a* ANA, *con un fondo de tristeza*): Es el único hijo que dejó mi hermana. No se parece en nada a ella. Afortunadamente para él, ha salido a la familia de su padre. Gente muy viva, y muy bien informada de donde hay dinero. Hacen buenas bodas. Fundan sociedades anónimas,[49a] producen películas ... Irá muy lejos.

DIEGO (*al teléfono*): ¿Don Nemesio? ... Le he hecho levantarse porque ... Sí, sí. Muy importante. Mi tío ... Un accidente ... No, no. Muerto ... Del todo [50] ... ¡Don Nemesio! Para administrador me está usted resultando demasiado sentimental ... Bueno. Una lágrima, pero nada más, ¿eh? ... Sí, sí ... Precisamente tenemos que hablar de eso. Esta misma noche ... No tarde usted ... Si no estoy en casa de mi tío, ya le dirán ... Un accidente, ya le digo [51] ... Un accidente muy oportuno, ¿verdad? (*Se ha oído llegar a la calle un automóvil. Entra, por la izquierda*, IBÁÑEZ 257. *Al teléfono, prudente, cortando*.) Hasta ahora.

(*Cuelga*.)

IBÁÑEZ 257: Ahí está la viuda.

DIEGO: ¿Cuál?

IBÁÑEZ 257: Que yo sepa, viuda, con todas las de la ley, no hay más que una.[52]

(DIEGO *se dirige a la izquierda, para salir con* IBÁÑEZ 257.)

[49a] **sociedades anónimas** corporations
[50] **Del todo** completely
[51] **ya le digo** I am telling you now
[52] **Que yo ... una** As far as I know there is only one who is a widow in every respect

DIEGO: Luego terminará usted de explicarme la falta.[53]

IBÁÑEZ 257: Yo no he dicho que fuese falta. Lo que pasó fué que el árbitro ...

(Entra, por la izquierda, IBÁÑEZ 138, seguida de CARLOTA, FELISA y MAURICIO. CARLOTA es la viuda de LEONARDO. Tiene más de cuarenta años. Lleva un vistoso vestido de noche, una piel sobre los hombros y buenas alhajas. No trae bolso en la mano, y sí un pañuelo de crespón que, de momento, no emplea. FELISA es su hermana. Menos brillante y peor vestida. Es soltera y vive al amparo de CARLOTA. MAURICIO es un joven de poco más de veinte años. Viste de «smoking» y no trae sombrero. DIEGO e IBÁÑEZ 257, que se los han encontrado en la puerta, les ceden el paso y salen, a su vez, cuando los otros han entrado. CARLOTA parece estar dominando sus nervios con bastante éxito. FELISA calla, asustada, con los ojos muy abiertos, un poco en segundo término.)

IBÁÑEZ 138 *(indicando, al entrar)*: Fué aquí, en el vestíbulo ...

CARLOTA *(fríamente)*: Ya.[54]

IBÁÑEZ 138 *(indicando el sofá)*: Y ahí ...

FELISA: ¿Quién?

CARLOTA *(autoritaria, seca)*: ¡No preguntes, Felisa!

IBÁÑEZ 138 *(por FELISA)*: La señora es ...

CARLOTA: Mi hermana. Señorita.

IBÁÑEZ 138 *(por MAURICIO)*: Y el joven, ¿también es de la familia?

CARLOTA *(cortante)*: Como si lo fuera.

ANA *(a LEONARDO)*: ¡Ah! ¿Desde cuándo?

LEONARDO *(malhumorado, nervioso)*: ¡Calla!

[53] **Luego ... falta** Later you can finish explaining the penalty to me *(refers to soccer game)*
[54] **Ya** Uh-huh

Ana (*con mala intención*): ¿Te había ocultado que tenía un nieto?

Carlota (*a* Ibáñez 138): ¿Hace mucho que ... ?

Ibáñez 138: ¿Que se los han llevado? ... Ni media hora.

5 Mientras se la ha localizado a usted y ha podido avisársela ...

Carlota (*fría*): Comprendo.

(*Mira a su alrededor.*)

Ibáñez 138: ¿Conoce usted la casa?
Carlota: Sí.

(*El tono seco de* Carlota *y su serenidad desconciertan un poco a* Ibáñez 138.)

10 Martín (*a* Leonardo, *por* Carlota): Está muy entera.

Leonardo (*preocupado, evasivo*): Sí.

Ana: Se reserva para mañana, con público.[55]

Ibáñez 138 (*a* Carlota): Ahora tendrán ustedes que ir al depósito ...

15 Felisa: ¿A qué depósito?

Ibáñez 138 (*sin atreverse a terminar*): Pues al de [56] ...

Carlota (*después de dirigir a* Felisa *una mirada que la hace enmudecer*): ¿Para qué?

Ibáñez 138: Para identificarle ... Nosotros no hemos podido hacerlo más que por los documentos que llevaba encima.
20 (*Después de un corto silencio, tratando de suavizar en lo posible.*) Será rápido. No está desfigurado. Fué en el corazón, ¿sabe usted?

(Carlota *no se conmueve. Pero* Felisa, *que ha luchado por contenerse, rompe a llorar desconsoladamente. Todos vuelven la vista hacia ella.*)

[55] **Se reserva ... público** She's saving herself for tomorrow for the public
[56] **Pues al de ...** Why, the one where . . .

CARLOTA (*irritada*): ¡Felisa! (FELISA, *ya descubierta, llora con más fuerza. A* FELISA.) ¿Ves por qué no quería que vinieses?

(FELISA *ha entrado en un verdadero ataque histérico. Cae en un sillón, sollozando.* IBÁÑEZ 138 *y* MAURICIO *acuden a ella.* CARLOTA *la mira, sin moverse, con un gesto de desprecio.*)

MARTÍN (*a* LEONARDO): Yo creí que su mujer era la otra ...
LEONARDO: ¡Y es la otra!
MARTÍN: ¡Ah! ¡Como se ha llevado ese disgusto! [57]   5
ANA (*a* LEONARDO): ¿Estaba enamorada de ti?
LEONARDO (*preocupado, contrariado*): ¡Yo qué sé! [58]

(FELISA *llora a gritos.* IBÁÑEZ 138 *y* MAURICIO *le sujetan las manos.*)

CARLOTA: ¡Por Dios, Felisa!

(FELISA *entra en una nueva fase de su ataque. Mira fijamente en dirección a* LEONARDO, *y da un grito.*)

FELISA: ¡Ahí está!
CARLOTA (*mirando hacia* LEONARDO, *sin verle*): ¿Quién? 10
FELISA: ¡Ahí! ... ¡Mírale! ...
CARLOTA: Pero ¿quién?
FELISA: ¡Leonardo!
CARLOTA: ¿Qué dices?
FELISA (*señalando, insistente*): ¡Ahí!   15
IBÁÑEZ 138 (*a* MAURICIO): Ahí no hay más que una mesa.
FELISA (*a gritos*): ¡Me está mirando!
JAIME (*a* MARTÍN): Oiga, ¿se ha vuelto loca?
ANA: ¿No se habrá muerto?

[57] **¡Como ... disgusto!** Since she (Felisa) took the misfortune so badly!
[58] **¡Yo qué sé!** What do I know!

MARTÍN: Hay personas que ven los espíritus, en trance ...
ANA: Pues yo, por si acaso ..., no estoy para nadie.[59]

(*Se va a ir hacia la derecha, cuando* FELISA *la descubre.*)

FELISA (*a* CARLOTA, *señalando a* ANA): ¡Mira! ¡Está también Ana Montalvo!
5 CARLOTA (*impaciente*): ¡No digas tonterías!
FELISA: Con aquel modelo de Marbel [59a] que te gustaba ... El ...

(*Describe el vestido de* ANA.)

CARLOTA (*furiosa*): ¿El del ... ? [60]

(*Termina la descripción.*)

FELISA: Sí. Te lo ha pisado.[61]
10 CARLOTA: ¡Para lo que le ha servido! [62]
ANA (*a* FELISA): Dígale que si lo quiere ... A mí, ¡con haberle amargado la temporada de primavera! [63] ...
FELISA: Dice algo, pero no puedo oírla ...
MARTÍN: ¡Menos mal!
15 FELISA (*descubriendo a* JAIME): ¡Y está su marido!
CARLOTA: ¿Con ella? ¡Me choca! Sería la primera vez.
ANA (*por* FELISA): ¡Si esta simple pudiera coger la onda! [64] ...
FELISA: Y hay otro señor, que no conozco ...
20 CARLOTA: Es imposible que los conozcas a todos.

[59] **no estoy para nadie** I'm not in for anyone
[59a] **modelo de Marbel** model by Marbel (*Marbel is one of the leading dress designers in Madrid.*)
[60] **¿El del ... ?** The one with . . . ?
[61] **Te lo ha pisado** She beat you to it (i.e., she bought it before you could)
[62] **¡Para ... servido!** A lot of good it did her!
[63] **A mí, ... primavera!** I'm satisfied with having embittered the Spring season for her!
[64] **¡Si esta ... onda!** If this naive girl could hear us!

ANA (*furiosa*): ¡Y que no pueda yo conectar! [65]

FELISA (*en tono dramático*): ¡Leonardo te está mirando!

CARLOTA (*inquieta*): ¿A mí?

FELISA (*a gritos*): ¡Perdónala, Leonardo! ¡Perdónala! ...
Perdónala!

(*Le entra una congoja y cae medio desvanecida sobre
el respaldo del sillón.*)

CARLOTA (*impaciente, dominante*): ¡Basta ya, Felisa!
¡Domínate!

IBÁÑEZ 138 (*a* MAURICIO): Habría que aflojarle algo ...
Usted, que es como de la familia.

CARLOTA (*gritando, autoritaria*): ¡Felisa!

(*Asustada por la voz de* CARLOTA, FELISA *deja de gritar.
Solloza, por lo bajo, entrecortadamente.*)

IBÁÑEZ 138 (*amable, a* FELISA): Ea, así es mejor.

CARLOTA (*a* IBÁÑEZ 138): ¿Quiere usted hacer el favor de
llevarla al coche? No ha debido venir. Se lo advertí.
Estas cosas le afectan demasiado.

IBÁÑEZ 138: Claro, claro ... (*A* FELISA, *amable.*) Vamos,
señorita. Un poco de aire le sentará bien.[66]

(*La alza y la conduce hacia la izquierda, impresionado
por su dolor.* FELISA *se deja llevar, llorando amarga-
mente. En la puerta,* FELISA *se detiene y señala al suelo
del vestíbulo.*)

FELISA (*a* IBÁÑEZ 138): ¿Fué ahí, donde esa mancha?

IBÁÑEZ 138: Vamos, señorita. No piense en eso ...

FELISA (*llorando*): ¡Pobre! ¡Pobre!

[65] ¡Y que ... conectar! And that (it is impossible) for me to communicate!

[66] le sentará bien will do you good

CARLOTA (*a* IBÁÑEZ 138): En el coche, en mi bolso, hay un frasco de sales.

IBÁÑEZ 138 (*afectado*): Sí, señora. ¿Puedo olerlas yo, también?

(CARLOTA, *sin contestar, inconmovible, va hacia el ventanal.* MAURICIO *queda en el centro de la escena.* IBÁÑEZ 138 *se lleva, por la izquierda, a la afligida* FELISA. *Se la oye llorar, mientras se aleja.*)

5 FELISA (*alejándose*): ¡Pobre! ¡Pobre Leonardo!

MARTÍN (*dudando todavía, a* LEONARDO): ¿Está usted seguro de que es ésa ... ?

LEONARDO (*mirando a* CARLOTA): Quisiera no estarlo ...

ANA (*a* LEONARDO): Oye, ¿y de qué la tienes que perdonar? [67]

10

LEONARDO: No sé aún.

JAIME: ¡Qué cosas! [68]

ANA: Sí. ¡Morir para ver! [69]

(*Cuando se ha extinguido el rumor de los sollozos de* FELISA, CARLOTA *se vuelve y mira al suelo, detrás del sofá.*)

CARLOTA (*fríamente*): Habrá que cambiar las alfombras ...

15 MAURICIO: ¿Para qué?

CARLOTA: ¡Si alquilo la casa amueblada ... !

ANA (*a* LEONARDO): ¿Te das cuenta? Es todo lo que se le ocurre pensar ...

(LEONARDO, *pensativo, mirando fijamente a* CARLOTA, *calla.*)

[67] ¿y de ... perdonar? and what have you to forgive her for?
[68] ¡Qué cosas! What things (one sees in life)!
[69] ¡Morir para ver! One must die to see them!

CARLOTA (*desde el sofá, a* MAURICIO, *que le mira extra-ñado*): No me mires así. Esto tenía que ocurrir un día y otro ... No se puede jugar con el fuego sin quemarse. Confiaba demasiado en el cambio de los tiempos. No se daba cuenta de que todavía quedan maridos que ... (*Viene al centro de la escena, recorriendo con la mirada la habitación.*) ¡En esto había venido a parar la casa de 5 tía Matilde! [70]

MAURICIO (*sorprendido*): ¿Pero, tú sabías?

CARLOTA (*indiferente, despreciativa*): Todo, hijo. Tenía que haber estado ciega, o sorda.

MAURICIO: Lo de Ana Montalvo, ¿también? 10

CARLOTA (*con aire cansado*): ¡Por Dios! Desde el primer momento. Como todo lo demás.

MAURICIO: ¡Pobre!

CARLOTA (*sonriendo a* MAURICIO): ¡Mauricio! (*Acaricia la mejilla de* MAURICIO. *Suspira.*) Con una mujer que se 15 vestía de un modo tan disparatado tenía que acabar mal.

ANA (*indignada, a* MARTÍN): Pero ¿oye usted? ¿Cómo se atreve? ¡Si da miedo como va! [71] ¿Usted ha visto nunca veintitrés mil doscientas y treinta y dos pesetas peor 20 empleadas?

MARTÍN (*extrañado*): ¿Veintitrés mil doscientas treinta y dos?

ANA: Ni una menos, sin contar las alhajas, que pueden ser falsas. 25

LEONARDO: ¡No lo son!

ANA: Bueno, hijo. ¡Cuando tú lo dices! La verdad es que siempre has sido muy generoso con esa máscara.

CARLOTA (*yendo a sentarse en el sofá*): ¡Y ha muerto por

[70] ¡En esto ... Matilde! And this is what Aunt Matilda's house has come to!
[71] ¡Si ... va! It's frightful how she dresses!

ella! Eso es lo más cómico de todo. Por una aventura de la que ya estaba aburrido y que venía arrastrando lamentablemente.

ANA (*a* LEONARDO, *ferozmente*): ¿Es verdad eso?

5 LEONARDO: No, mujer.

ANA: Si se lo ha dicho Elvira, no falla. Elvira lleva al día las cotizaciones de todos los barullos de Madrid.

CARLOTA: Me lo dijo Elvira, que se entera de todo.

ANA (*convencida*): Entonces, no hay duda.

10 LEONARDO: Pero ¿vas a hacerle caso? No sabe lo que dice. Ten en cuenta que se halla bajo el peso de una terrible impresión ...

ANA: ¿Qué terrible impresión? ¡Si está tan fresca! Ahora que, si no sabe lo de Eugenia, por ahí no paso.[72]

15 CARLOTA: Como supe lo de Eugenia. Eso le tenía más ilusionado. Al fin y al cabo, Eugenia es una mujer espectacular. Da cartel. [73] ¡Pero Ana! ... No la podía aguantar ni su marido.

JAIME (*a* LEONARDO): Dígale usted que a mí no me meta ...

20 LEONARDO (*a* ANA): ¿No te das cuenta? Habla así por despecho ..., porque me seguía queriendo, en el fondo, a pesar de todo ...

MAURICIO: ¿Es posible que puedas hablar con esa frialdad en estos momentos?

25 CARLOTA: ¿Cómo quieres que hable? ¡Si hubiera seguido enamorada de Leonardo, no te digo que no lo hubiese sentido! Me había puesto en ridículo constantemente.[74] ¿Qué otra cosa podía esperar de mí? La indiferencia se paga con la misma moneda, como el amor, y a la par,[75]

30 si es posible.

---

[72] **por ahí no paso** I won't believe that

[73] **Da cartel** She's something to rave about

[74] **Me había ... constantemente** He constantly made me the butt of ridicule

[75] **y a la par** and in the same quantity

ANA (*a* LEONARDO): Sí. Te seguía queriendo. ¡Pero tan en el fondo! [76]

CARLOTA: Si Leonardo no me tuviera abandonada, ¿iba a dejar que me acompañases a todas partes? *everywhere*

MAURICIO: Pero entre tú y yo no ha habido nada ... Tu [5] hermana ha venido siempre con nosotros.

(LEONARDO, *que ha soportado la mirada irónica de* ANA, *mira a ésta, con una sonrisa casi de triunfo.*)

CARLOTA: Es que con Leonardo no se podía jugar. Si le hubiese dado el menor pretexto ...

MAURICIO: ¿Te hubiera matado?

CARLOTA: No. Leonardo era un hombre de negocios. Se [10] hubiera separado de mí, que era lo que estaba deseando, sin darme un solo céntimo. No iba yo a proporcionarle una oportunidad tan económica.

(ANA *devuelve a* LEONARDO *la mirada y la sonrisa triunfante.*)

LEONARDO (*rencoroso, indicando el collar de* CARLOTA): Las perlas son cultivadas. Tan cultivadas como su resentimiento. [15]

ANA: ¿Lo sabe ella?

LEONARDO: No.

ANA: Pues lo tiene que saber antes de que se cumpla el novenario.[77]

CARLOTA (*poniéndose en pie*): Pero ahora ya es otra cosa, [20] Mauricio.

MAURICIO: ¿Puedo esperar ... ?

CARLOTA (*sonriendo*): Sí. Me casaré contigo. (MAURICIO

[76] ¡Pero ... fondo! But so deeply! (*sarcastic*)
[77] Pues ... novenario Well, she will have to find out before the *novenario* is up (*The novenario is a nine-day period of strictest mourning just after the bereavement.*)

*cambia totalmente de gesto y de actitud. Mentalmente,
da un paso atrás.*) Siempre el camino honorable. A veces
es el más largo, pero acaba por ser el más práctico. Ya
ves cómo mi triste fidelidad ha tenido su premio antes
de lo que podíamos imaginarnos. (MAURICIO *permanece
callado.* CARLOTA *le mira. Todavía confiada, sonríe.*)
5 ¿No dices nada?

MAURICIO (*sordamente*): Carlota ... Es imposible.

ANA (*sentándose, cerca, en un sillón, a* MARTÍN): ¡Esto se
va a poner muy bien! Coja usted sitio.

MAURICIO (*balbuceando, confuso*): Compréndelo ... Yo
10 estoy empezando ...

CARLOTA (*cruel*): ¿A qué?

MAURICIO: A vivir.

CARLOTA: Eso quiere decir ...

MAURICIO: Que mis medios no me permiten aún ... No
15 he hecho más que terminar la carrera ... No soy más
que un hijo de familia [78] ...

CARLOTA: Entonces, ¿qué es lo que buscabas en mí?

ANA (*a* MARTÍN): ¡Huy, qué pregunta más peligrosa! Esta
mujer empieza a fallar, ¿no cree usted?

20 MAURICIO: El amor, Carlota. Eso no puedes dudarlo. Tu
amor, pero sin obligaciones. Yo podía permitirme solamente los lujos pequeños ... Las flores ..., los aperiti-
vos ..., los teatros ... Lo demás, el coche, las pieles, el
veraneo en Biarritz, debía ponerlo tu marido, ¿com-
25 prendes?

CARLOTA: Pero es que ahora el dinero va a ser mío ...

MAURICIO: No quiero vivir a tu costa. Me da miedo. Es
demasiado fácil.

CARLOTA: No te entiendo.

30 ANA (*a* MARTÍN): Está torpísima. El pobre no va a tener
más remedio que decirle, de una vez ...

[78] **No soy ... familia** I still depend on my family

MAURICIO: Creo que estoy hablando tu mismo lenguaje. ¿A qué vamos a engañarnos? Yo tengo veinticuatro años ...

ANA (*a* MARTÍN): ¿Lo ve usted?

MAURICIO: Tú ... 5

CARLOTA: Yo, ¿qué?

MAURICIO: Me llevas doce.

CARLOTA (*vivamente*): ¡Yo te he confesado siete!

MAURICIO (*suavemente*): Sí. Pero son doce ...

ANA (*a* LEONARDO): ¿Lo dejamos en quince? 10

(LEONARDO *no contesta*.)

CARLOTA (*con una ironía amarga*): ¡Un siglo!

MAURICIO: Para un hombre de otra edad, apenas nada ... ¿No te das cuenta? Con el tiempo me pesarías como una cadena. Cuando estuviera en el centro de mi vida, en lo mejor de mi carrera, arrastraría del brazo a una 15 vieja ...

(CARLOTA *se cubre la cara con las manos*.)

ANA: ¡Era inevitable!

MAURICIO: O, lo que es peor, el disimulo horrible, descarado, de sus canas y de sus arrugas ... Hasta mi amor, si me quedaba para entonces, a los ojos de los demás resul- 20 taría ridículo ... Y, un día, parecerías mi madre.

CARLOTA (*llorando*): ¡Cállate! ¿No ves cómo me clavas tus palabras?

MAURICIO: No llores. Después no serían las palabras las que se me clavaran. O serían las palabras que se escapan, 25 las que no hay tiempo de medir, ni de escoger.

CARLOTA (*entre lágrimas*): ¡Yo me había enamorado de ti!

MAURICIO (*lamentándolo sinceramente*): ¡Mala suerte! [79]

[79] ¡Mala suerte! That's too bad!

CARLOTA (*enfurecida por la respuesta*): Pero ahora me das horror ...

MAURICIO (*glacial, tranquilizándola*): Eso es mucho más práctico.

CARLOTA (*elevando el tono de su voz y de su desespera-*
5 *ción*): ¿No recuerdas cómo cerraba los ojos para escucharte? Guardaba así mejor en los oídos tus palabras para soñar a solas con ellas. Contaba contigo. Eras mi reserva de amor. Te creí lo más limpio que se me había acercado nunca. Tú podías salvarme ... ¡Resulta que
10 eres como los demás! Peor que ninguno, porque estás podrido antes de madurar. Mientes hasta con la claridad de tu mirada ...

MAURICIO (*cansado por el giro de la conversación*): ¡Cálmate! ... ¿De qué va a servir?

15 CARLOTA (*a gritos*): ¡De nada ya! ¡Pero tengo que gritarlo! ¿Es el castigo de mi culpa aplazada, de mi pecado previsto, acariciado con el pensamiento, gozado antes de consumarse? [79a] ... ¡Mejor hubiera sido que cediera! Ahora, por lo menos, me deberías algo. Tendría qué
20 invocar.[80] No me queda de ti ningún calor.

MAURICIO: ¡Calla! ¡No grites!

CARLOTA (*a gritos*): ¡Déjame! ¡Si no he hecho más que callar toda mi vida! ¡Me están ahogando el odio y el amor que he apretado tantos años en la garganta!

(*Sale, acongojada, por la derecha.* MAURICIO *no se ha movido. Saca del bolsillo una pitillera, toma de ella un cigarrillo y lo enciende, tranquilo.*)

25 JAIME: ¡Pobre mujer!

MARTÍN: Sí. Acaba de perder el último tren.

ANA: No se preocupe. Tiene coche.

[79a] **¿Es el castigo ... consumarse?** Is it the punishment for my postponed guilt, for my anticipated sin, fondled by my thoughts, enjoyed before it was consummated?

[80] **Tendría qué invocar** I would have something to reproach you for

(*Entra, por la izquierda,* IBÁÑEZ 138. *Ha acudido al oír los gritos de* CARLOTA.)

IBÁÑEZ 138: ¿Sucede algo?

MAURICIO: La señora ... Un ataque de nervios. Ha tratado de dominarse, pero ...

IBÁÑEZ 138: No, si me hago cargo.[81] ¡Lo que me extrañaba, precisamente, es que al principio tuviera tanta entereza! 5

MAURICIO: La otra, ¿se ha calmado?

IBÁÑEZ 138: Algo, parece ... Por lo menos, llora bajito y no sé si reza ...

MAURICIO: Hágala venir. Su hermana la va a necesitar ahora. Ha sufrido un golpe muy fuerte.   10

IBÁÑEZ 138: ¡Y tanto! [82]

MAURICIO: Que se traiga las sales de camino.[83] (*Saca unas llaves del bolsillo.*) Tenga usted las llaves del coche. (*Se las entrega.*) Déselas cuando ...

(*Se dirige a la puerta de la izquierda.*)

IBÁÑEZ 138 (*siguiéndole, extrañado*): ¿Se va usted?   15

MAURICIO: Sí. Voy a andar un poco. Hace muy buena noche.

(*Salen los dos por la izquierda.* LEONARDO *pasea, inquieto.*)

MARTÍN (*a* LEONARDO): Tranquilícese. Quizá le vendría bien encender un cigarrillo.

JAIME: ¿Cree usted que podemos manejar fuego?   20

ANA: Me temo que fuego no nos va a faltar.

(*Todos callan, con un mismo estremecimiento. Entra, por la izquierda,* FELISA, *acompañada de* DIEGO *e* IBÁÑEZ

[81] **No, ... cargo** Oh, I understand
[82] **¡Y tanto!** And how!
[83] **Que ... camino** Have her bring the smelling salts while she's at it

138. *Trae un frasquito de sales en la mano y parece más resignada.*)

FELISA: Es usted muy amable.

DIEGO: ¡Por Dios! Tengo que esperar al administrador de mi tío, que debe llegar de un momento a otro. Después, las puedo acompañar.

5 FELISA: No se moleste.

DIEGO: Por desgracia, deberé ir a los mismos sitios que ustedes.

FELISA (*tristemente*): ¡Es verdad! (*A* IBÁÑEZ 138.) ¿Dónde está?

10 IBÁÑEZ 138: Por ahí dentro.

FELISA: Buscaré a ver si hay tila en la cocina.

IBÁÑEZ 138: Muy bien. Y echamos una ronda.[84]

(*Salen los tres por la derecha.*)

MARTÍN (*a* LEONARDO): ¿Hay tila?

LEONARDO (*preocupado*): Creo que sí.

15 JAIME: ¡Claro, hombre! Estaría preparado, también, para las rupturas.[85]

ANA: Jaime, ¡parece mentira que tengas ganas de broma, con lo que nos pasa! ...

JAIME: ¿Qué es lo que nos pasa?

20 ANA: ¿Te parece poco?

JAIME: No. Pero, la verdad, ¡hasta ahora! ...

LEONARDO (*nervioso*): Eso es lo grave, que no nos pasa nada ...

JAIME: Después del primer trago, lo demás resulta muy
25 confortable.

MARTÍN (*preocupado también*): ¡Nadie viene a buscarnos! ¡Nadie se ocupa de nosotros!

[84] **Y echamos una ronda** And we'll have a round of drinks
[85] **Estaría ... rupturas** He had to prepare for when he broke off with his friends (*Tila is used as a sedative.*)

JAIME: Es verdad. ¿Les parece a ustedes que llamemos? [86]

ANA: ¿Al timbre? [87]

LEONARDO (*excitado*): ¡Estamos abandonados! ... ¡Solos! Hemos tenido que soportar los horrores de nuestras vidas, revelados ante nuestros ojos por ese terrible im- 5 pudor de los vivos ... ¡Cuando empezamos a creernos libres, se nos ata a toda la miseria que habíamos dejado atrás!

JAIME (*pensativo*): Quizá esto sea ya el Purgatorio.

ANA: No. Para el Purgatorio estamos demasiado vestidos. 10 Yo he visto un cromo, y están como en las playas ...

LEONARDO (*frenético*): ¡No puede dejarnos de su mano! [88] ... ¡Ha de haber un Infierno, que no es éste!

JAIME: ¡Tampoco hay prisa!

LEONARDO: Hay un Juicio inmediato ... Un castigo o un 15 premio.

ANA: No esperarás que te den un diploma ...

MARTÍN: He leído, no sé dónde, que, en los casos de accidente violento, como los nuestros, la vida se prolonga, subsiste, latente, por un plazo, a veces, hasta de 20 horas ... Tarda en llegar la muerte verdadera. Con los que acaban de enfermedad, poco a poco, parece que es otra cosa. Todo llega a punto. Nosotros, hace una hora, estábamos tan sanos ...

ANA: No crea usted ... Yo no me encontraba muy bien 25 estos días ...

MARTÍN: ¡Si lo dice usted para pasar primero! ...

ANA (*con una leve coquetería*): ¿No me cedería usted la vez? [89]

MARTÍN: Yo, con mucho gusto. Pero temo que no sirviese 30

[86] ¿Les parece ... llamemos? What do you think of calling (someone)?

[87] ¿Al timbre? On the doorbell?

[88] ¡No puede ... mano! He (God) cannot abandon us!

[89] ¿No me ... vez? Wouldn't you cede the first turn to me?

de nada. Nos llamarán por nuestros nombres, como cuando nos dan los pasaportes ... Y en cada pasaporte estará escrito, bien claro, nuestro destino.

JAIME (*por asociación de ideas, como para sí*): Tánger,[90]
5 y el resto del Infinito ...

ANA (*siguiendo el curso de la idea*): Todo el Infierno, excepto Rusia y sus satélites.

LEONARDO (*desesperado*): Pero ¿es que no piensan ustedes ... ?

10 MARTÍN: ¿No ve usted que tenemos miedo a pensar?

JAIME: ¡Ya es inútil todo!

MARTÍN: La partida no está en nuestras manos.

LEONARDO: ¡Aún puede haber algunas esperanzas!

ANA: ¿Cuentas en tu lista con alguna doña Inés que venga
15 a salvarte en el último minuto?[91]

LEONARDO: ¿Y el arrepentimiento?

JAIME: ¡Tarde, amigo!

MARTÍN: ¡Para eso hay que estar muy vivo!

LEONARDO (*angustiado, a* JAIME): ¡No nos dió usted
20 tiempo! ¿Y si nos ha robado hasta la contrición?

(*Todos callan un instante, preocupados.*)

MARTÍN: Sea lo que sea, no debemos de andar muy lejos. Estamos entrando en el círculo de la desesperación ...

(*El tono de la escena ha cambiado sensiblemente. Una tensión terrible los envuelve a todos. ANA se deja caer en un sillón, abrumada. En silencio, se seca una lágrima.*

---

[90] **Tánger** Tangiers (*considered by the Spaniards as a place of recreation, a place where one can "get away from it all"*)

[91] **¿Cuentas ... minuto?** Are you counting on some doña Inés in your little address book who might come to save you at the last minute? (*Doña Inés is the heroine of Zorilla's play,* Don Juan Tenorio. *Her love for the hero redeemed him from perdition at the final moment.*)

JAIME, *nervioso, va al ventanal y mira hacia la calle,
como si esperase algo.* LEONARDO *pasea, agitado.* MARTÍN
parece el más sereno de los cuatro. Se acerca a ANA,
*y golpea con suavidad, como para darle ánimos, la mano
que ésta tiene sobre el brazo del sillón.* ANA *alza la vista
y sonríe tristemente. Suena el timbre del teléfono.*)

LEONARDO (*deteniéndose*): ¿Será para nosotros?

MARTÍN: Quien nos puede llamar, no está en la Guía de
Teléfonos.

ANA: O no está con su nombre.

(*Sigue sonando el teléfono. Los cuatro miran. Entra, por
la derecha,* IBÁÑEZ 138. *Toma el aparato, y contesta.*)

IBÁÑEZ 138 (*al teléfono*): ¡Diga! [92] Sí, sí ... ¡Ah! ¿Qué [5]
hay? (*Entra, por la izquierda,* IBÁÑEZ 257, *que ha llegado
a contestar también. Al ver que está hablando su
compañero, queda en la puerta, escuchando. Al teléfono.*) ¡Ah! ¿Sí? ¿Cómo? (*Escucha, interesado.*) Ya ...
Bueno, hasta luego. (*Cuelga.*)

IBÁÑEZ 257: ¿Qué pasa?

IBÁÑEZ 138: ¡Fíjate! Que resulta que, uno de los cuatro,
no está muerto ... [10]

(*Los cuatro escuchan, anhelantes.*)

IBÁÑEZ 257: ¿Es posible?

IBÁÑEZ 138: Un *shock* de ésos, o como se llame ... Pero que
tiene vida ...

IBÁÑEZ 257: ¿Cuál de ellos?

IBÁÑEZ 138: No me ha dicho. ¡Qué más da! [93] Uno. [15]

IBÁÑEZ 257: ¡También tú eres [94] ... ! Voy a preguntar. (*Se
acerca al teléfono. Marca un número.* ANA, JAIME,

[92] ¡Diga! Hello!
[93] ¡Qué más da! What's the difference!
[94] ¡También tú eres ... ! You're another one . . . !

Leonardo y Martín *miran, llenos de ansiedad. Con el teléfono en la mano, a su compañero.*) ¡Vaya, hombre! Ahora, comunica [95] ...

(*Cuelga.* Ana, Jaime, Leonardo y Martín *han quedado como de piedra.*)

TELÓN RÁPIDO

[95] **¡Vaya, hombre! Ahora comunica** Huh! Now the line's busy

ACTO TERCERO

En el mismo lugar, y en el mismo instante que al final del acto segundo.
Ibáñez 257 *ha colgado el teléfono. Vuelve a descolgarlo ante la ansiedad de* Ana, Jaime, Leonardo *y* Martín.

Ibáñez 257 (*después de escuchar*): Nada ... Sigue comunicando.

Ibáñez 138: Bueno, ya lo sabremos.

Ibáñez 257 (*yendo hacia la izquierda*): Es que tengo curiosidad. ¡Mira que si hubiéramos fallado nosotros, con dos cargadores, y el otro, con sólo tres disparos ... ! 5

Ibáñez 138: Sí. Ibamos a ser la irrisión.

Ibáñez 257 (*indicando la puerta de la derecha*): ¿Cómo va lo de ahí dentro?

Ibáñez 138: ¿Qué quieres que te diga? La pobre está inconsolable. 10

Ibáñez 257: ¡Con lo entera que parecía al principio! [1]

Ibáñez 138: Se ha derrumbado de golpe. ¡Lo que pasa! [2] A mí, me da pena, la verdad ... Se me representa mi mujer, cuando se quedó viuda. 15

Ibáñez 257 (*sorprendido*): ¿Cómo viuda?

Ibáñez 138: De su primer marido. ¡El pobre Indalecio!

Ibáñez 257: Pero, la tuya, se consoló pronto, por lo visto ...

Ibáñez 138: ¡Qué va! [3] Me costó lo mío, no creas [4] ...

---

[1] ¡Con ... principio! To think how self-composed she was at first!
[2] ¡Lo que pasa! That's the way it goes!
[3] ¡Que va! Not so!
[4] Me costó ... creas Don't think it wasn't difficult for me to do

Hasta que logré convencerla de que lo que yo quería
era acompañarla en el sentimiento.

IBÁÑEZ 257: ¡Vaya un pez! [5] Y esta otra, si a mano viene,[6]
antes de dos meses se está dejando consolar, también.

5 IBÁÑEZ 138: Eso no quita para que el trago sea penoso.[7]

IBÁÑEZ 257: ¿Y si, después del disgusto, no resulta viuda?
(IBÁÑEZ 138 *le mira, sin comprender.*) Si uno no está
muerto, pudiera ser ...

IBÁÑEZ 138 (*dirigiéndose a la derecha*): ¡Pues es verdad! ...
10   Voy a decirle que no se aflija mucho, por si acaso.

IBÁÑEZ 257: Hasta que sepamos de fijo, no le digas nada.
A lo mejor, se ha hecho ya sus ilusiones la mujer ...

(*Sale* IBÁÑEZ 138 *por la derecha.* IBÁÑEZ 257 *va a salir
por la izquierda. Se detiene, piensa un momento y
vuelve al teléfono. Lo descuelga. Marca el mismo número. Escucha y, con un gesto de fastidio, vuelve a
colgar.* ANA, JAIME, LEONARDO *y* MARTÍN *le han seguido
con la mirada, llenos de creciente ansiedad.* IBÁÑEZ 257,
*después de colgar el aparato, sale por la puerta de la
izquierda. Los cuatro se miran en silencio, bajo el peso
de la misma incertidumbre.*)

ANA (*después de un silencio*): ¡Uno!

JAIME (*preocupado*): ¿Cuál?

15 ANA (*dándose por excluída*): Ha dicho «uno» ...

MARTÍN (*amable*): Uno de los cuatro ...

ANA (*pensativa*): Se lo agradezco, pero ...

MARTÍN: ¿No le ilusiona el volver a la vida?

ANA (*indiferente*): ¿A qué vida? ¿A la misma? ... ¿A la mía?

20 LEONARDO: ¿A cuál iba a ser?

---

⁵ ¡**Vaya un pez!** What a line!
⁶ **si a mano viene** if it comes within her reach
⁷ **Eso ... penoso** That does not take away the fact that the bereavement is painful

ANA (*después de pensar*): Pues, no ... (*Los tres la miran, sorprendidos.*) ¿Qué vida me esperaría después de esto? ... Convaleciente de una herida de bala, causada por mi marido, en el lugar de una cita culpable. Protagonista de una campanada ... Primera plana de la prensa sensacionalista ... ¿Quién iba a saludarme después de esto? Una vive en su mundo. Y ese mundo, aunque sólo fuera porque no creyesen [8] que tenía algo que ocultar, me volvería la espalda.

MARTÍN (*buscando una solución*): Hay viajes ..., libros.

ANA: Después de éste,[9] ya, ¿qué viaje? Y, ¿qué libro podría encontrar, después, más apasionante? Y, los recuerdos ... ¿Cómo librarme de ellos? ¿Cómo soportar lo torpe de mi vida anterior y lo falso del crimen? Porque mi marido, al disparar, pensaba en él, y en sus amigos, más que en sí mismo,[7a] al encontrarme en los brazos de un hombre que, un minuto antes, juraba que me seguiría amando hasta más allá de la muerte ... (*A* LEONARDO, *con una sonrisa.*) ¿No era eso?

LEONARDO (*confuso*): Te dije que como entonces ...

ANA: Y, entonces, ya, no me querías ... ¿Con todas las mujeres, al estrecharlas entre los brazos, has medido tan bien las condiciones, como si se tratara de un contrato? ¡Qué triste amor el tuyo si nunca te han sonado a verdad tus propias mentiras! ... ¡Si no se te ha escapado el corazón ni un solo minuto! ... ¿O era sólo conmigo con quien, antes de avanzar un paso, te estabas cubriendo, ya, la retirada? (*Espera un instante la respuesta de* LEONARDO. *Este, calla.* ANA *se vuelve a* MARTÍN.) ¿Comprende usted, ahora, por qué no quiero ser, de los cuatro, la que vuelva a la vida? He ido a caer, por

---

[7a] **Porque mi marido ... mismo** Because my husband, on firing, was thinking of it, and of his friends, more than of himself

[8] **aunque ... creyesen** even if they might not believe

[9] **éste** *refers to the voyage she is now undertaking to the other world*

despecho, del hombre que se desentendía de mí, en los brazos de otro para quien nunca había significado nada ... Mi pecado, es el peor de todos ... Es el pecado inútil.

(*Hay un silencio. Cada uno piensa en algo distinto. De pronto,* LEONARDO, *en un impulso, rompe a hablar.*)

5 LEONARDO: Yo, tampoco quisiera ... (*Los otros, le miran.*) El juicio ..., los periódicos ..., los comentarios. Todo este suceso vergonzoso arrastrando mi nombre por el suelo ... Y la ruina de mi industria ...

MARTÍN: Hombre, ¿qué tiene que ver el cemento armado 10 con ... ? [10]

LEONARDO: Los hombres de negocios tienen su natural inmoralidad, pero son intransigentes con las inmoralidades de otra clase. No los conoce usted. Mis construcciones pueden resquebrajarse y venirse abajo antes de 15 los dos años y, si ha habido beneficios para todos, menos para las víctimas, claro está, mi nombre sigue en pie ... Y mi fama de afortunado en amores, se toleraría mientras pudiera comentarse en voz baja, con una sonrisa ... Pero un escándalo que indignara a sus esposas, sería 20 definitivo ... Y, luego, mi mujer. Después de su fracaso sentimental, y con toda la razón de su parte, sería implacable. Buscaría un buen abogado, ya sé cuál, y me dejaría en la calle, sin piedad. La compasión, la simpatía de la gente y mi dinero, le proporcionarían una posición 25 brillantísima. Hasta podría comprarse otro amor menos escrupuloso ...

ANA: Siempre te quedaría Eugenia ...

---

[10] ¿qué tiene ... con ... ? What has reinforced concrete to do with . . . ?

LEONARDO: ¿Iba a perdonar el que me hubiesen herido estando con otra? [11]

ANA: ¡Si que ella puede hablar! [12] ...

MARTÍN: Pero, ¡que otra hubiese muerto por usted! Ni ella, ni ninguna, se resignarían, por vanidad, a no haber [5] sido la víctima. Y, la que le quisiera de verdad. [12a]

LEONARDO: La que me quería de verdad, por las buenas, [13] y en silencio, consumiendo a solas su desesperación, ya le hemos visto. Una mujer que siempre tuve cerca, y a la que nunca miré como mujer ... [10]

ANA: Es verdad. ¡Pobrecilla! Me da pena.

MARTÍN: Pena, ¿por qué? Lo imposible, tiene, también, encanto. Y hasta su alegría. Puede llenar una vida, si se administraba bien y se adorna con algunas labores.

ANA: Y, ahora, ya eres enteramente suyo. Como de [15] ninguna. [14]

MARTÍN: Sí. (A LEONARDO.) Yo que usted, [15] no contaría con otras lágrimas sinceras, ni con otras oraciones. Tiene usted suerte. (Mira a los otros.) Los demás, quizá no tocaremos a tanto [16] ... [20]

ANA (pensativa): Es verdad. Puede que mi tía Ernestina ... Pero no. No me perdonará nunca. Desde que se fugó con aquel teniente, que se casó con ella, de capitán, y luego la dejó, de comandante, se ha vuelto muy escrupulosa. [25]

MARTÍN (a JAIME, después de un silencio): ¿Y usted?

JAIME: Yo, ¿qué?

[11] ¿Iba ... otra? Would she forgive me for being wounded while with another woman?

[12] ¡Si ... hablar! As if she were in a position to talk!

[12a] Pero ... verdad. But that another woman should die for you! Neither she (*Eugenia*) nor any other, would be satisfied, out of vanity, at not having been the victim. And, the one (*Felisa*) who really loved you

[13] por las buenas for no ulterior motives

[14] Como de ninguna Belonging to no woman

[15] Yo que usted If I were you

[16] quizá ... tanto perhaps we will not be as lucky

MARTÍN: ¿No quiere ... ?

JAIME: No, gracias. Ahora, no.

MARTÍN: No le estoy ofreciendo tabaco. Le propongo la
Vida, y su panorama. Usted ha matado, en uso de un
5 imperfecto derecho. Como usted ha dicho, la ley está
de su parte. No tiene nada que temer. Ha salvado usted,
con su gesto, la etapa del ridículo, que es la peor de
todas, hasta que el marido tiene la suerte, o la desgracia,
de enterarse. Este drama, le devuelve a la sociedad
10 nimbado de cívico heroísmo. En el Tiro de Pichón, le
felicitarán, doblemente, por la vindicación de su honor
y su magnífica puntería.

ANA: Y puede que le den la Copa de Castilla ...

JAIME (*sombrío*): Todo eso está muy bien. Pero se olvida
15 usted de sí mismo. (MARTÍN *le mira, sin comprender*.) Lo
de la pareja culpable, no ofrece ningún género de duda.
Pero me lo he llevado a usted, también, por delante.
¿Ya no se acuerda?

ANA: Es verdad. Eso ha estado mal.

20 MARTÍN: Sí. ¡Bien mirado! [17] ...

ANA: Bien mirado, mucho peor.

JAIME: Respecto a usted, soy un asesino. Imprudencia
temeraria, ofuscación, falta de alumbrado ... Ponga
usted lo que quiera, pero ¡quíteme de encima unos
25 años de cárcel y una indemnización a sus herederos! ...
¡Y lo que se iban a reír todos los tiradores de Madrid!
Es como el que, en una cacería, le da a un ojeador. ¿No
ha ido usted nunca de caza?

MARTÍN: No. ¡Empiezan tan temprano! ...

30 ANA (*a* MARTÍN): Y, usted, ¿qué?

MARTÍN: ¿Yo?

ANA: Usted es, aquí, de todos, el único inocente. La
muerte, no le ha sorprendido en pecado activo. No

---

[17] ¡**Bien mirado!** Come to think of it!

tendrá usted más que pagar los intereses de las cuentas anteriores, no saldadas. Su vuelta a la Vida no ofrece problemas. Nadie iba a dejar de saludarle por un accidente casual ...

(MARTÍN, *pensativo, tarda en contestar. Entra, por la izquierda,* IBÁÑEZ 257 *acompañando a* EL SEÑOR ROCA, *hombre de más de sesenta años, con tipo de empleado* ── weord *fiel y, por lo tanto, no muy bien vestido. Trae puesta una corbata negra. Se ha quitado el sombrero, que trae en la mano. Está muy impresionado y muy nervioso.*)
want

IBÁÑEZ 257: Espere aquí. Voy a avisarle.   5

(*Sale por la derecha.* EL SEÑOR ROCA *queda en el centro de la escena, mirando a todos lados y dando vueltas a su sombrero.*)

ANA: ¿Conoce alguien a este individuo?
MARTÍN: Yo. Es mi administrador.
JAIME: ¿Por quién lleva corbata negra?
MARTÍN: No sé.
ANA: ¿Por quién va a ser, hombre? ¡Por usted!   10
MARTÍN: ¡Ah, claro! ¡Como no está uno acostumbrado a estas atenciones! ...
ANA: ¡Anda, pues espere usted a que empiece mañana el tinte! [18]

(*Vuelve* IBÁÑEZ 257, *seguido de* DIEGO.)

IBÁÑEZ 257: Este señor ...   15
DIEGO: Gracias. (*Se dirige a* EL SR. ROCA.) ¿Qué tal, don Nemesio?

(IBÁÑEZ 257 *se dirige a la puerta de la izquierda.*)

[18] ¡Anda ... tinte! Hmm, wait till tomorrow when the dying (of clothes) begins!

EL SR. ROCA (*con cara de circunstancias* [19]): Ya ve usted ... (*Sale* IBÁÑEZ 257 *por la izquierda. Al verle salir,* EL SR. ROCA *se vuelve a* DIEGO, *angustiado.*) ¿Cómo ha sido? [20]

DIEGO: ¿Que le importan los detalles? Ha sido, y nada más. Un accidente. (*Con intención.*) Un accidente muy

5 a tiempo, ¿no le parece?

ANA (*a* MARTÍN): ¡Huy! No sé por qué me estoy figurando que también usted nos va a proporcionar un poco de folklore.[20a]

MARTÍN (*preocupado*): No quisiera ...

10 EL SR. ROCA (*nervioso, azorado*): No sé ... ¡Estoy tan impresionado!

DIEGO: Es usted muy dueño.[21]

EL SR. ROCA: Habrá que ocuparse de todos los trámites ...

DIEGO: Eso, después de que hayamos hablado usted y yo.

15 EL SR. ROCA (*sumiso*): Como usted quiera.

DIEGO: No había usted hecho nada ...

EL SR. ROCA: Aún, no ¡Como quedamos en que mañana! ...

DIEGO: Muy bien. Ya comprenderá usted que no hay que dar un paso. Esa operación, que iba a dejar a mi tío en

20 la calle ..., más en la calle de lo que lo ha dejado ese otro ...

(*Los otros miran a* MARTÍN, *que escucha, interesado.*)

ANA (*a* MARTÍN): ¿Qué le decía yo a usted?

EL SR. ROCA (*turbado*): Yo, no quería ... Usted lo sabe bien.

[19] **Con ... circunstancias** With a facial expression reflecting the situation

[20] **¿Cómo ha sido?** How did it happen?

[20a] **usted ... folklore** you are going to provide us with a little show (Folklore *refers to a type of stage performance which features flamenco songs and dances often held together by a thin plot of the sentimental or "tearjerker" variety.*)

[21] **Es ... dueño** That's up to you (i.e., you are master of your own feelings)

DIEGO: Sí. Ya lo sé. Hasta que la participación que le ofrecí venció todos sus escrúpulos de conciencia.

EL SR. ROCA (*protestando*): ¡Todos, no!

DIEGO: Bueno, los más importantes. Usted era depositario de la firma de mi tío, y gozaba de su confianza para todas las cuestiones administrativas. Mi tío era uno de los últimos supervivientes de esas generaciones que aprendían de memoria versos, en lugar de cifras ... No quería que le molestasen con cuentas. Pagaba muy a gusto lo que le cobrasen de más, por no tomarse el trabajo de comprobar una suma. Yo creo que ni siquiera sabía sumar ...

EL SR. ROCA: ¡Más respeto, don Diego! ...

DIEGO: No creo que el decir que no sabía aritmética empañe para nada su memoria ...

ANA (*a* MARTÍN): Ahora, la va usted a aprender.

DIEGO: Por eso le dió a usted plenos poderes, con tanta alegría.

EL SR. ROCA: Yo había servido siempre, fielmente, a la familia ...

DIEGO: La familia vivió de las rentas, de unas rentas ridículas para lo que el capital, puesto en juego, podía rendir. Tierras mal arrendadas, casas de alquileres antiguos ... Había que mover esa fortuna y, para ello, lo primero era hacerla cambiar de manos. Mi tío, hubiera tardado mucho en enterarse, o no se hubiera enterado nunca de que lo suyo había dejado de pertenecerle. Con recibir, todos los meses, el dinero acostumbrado, se habría dado por satisfecho ...

EL SR. ROCA (*dignamente*): A eso nos habíamos comprometido.

DIEGO: Porque era lo que nos dejaría las manos libres. No se hubiera enterado más que en el caso de que todo hubiese ido demasiado mal. Y, entonces, ya, no habría

remedio. (EL SR. ROCA *le mira, aterrado.*) Bueno, ahora
soy el heredero, y no hay que dar un paso. La fortuna
viene a mí directamente, del modo más natural ..., sin
verme obligado a compartir nada con usted.

5 EL SR. ROCA (*en tono de amenaza*): Yo tengo guardados
unos papeles, que probarían ...

DIEGO: Que probarían cómo se disponía usted a vender, a
cambiar, a enajenar, en desventajosas condiciones ...

EL SR. ROCA (*acusador*): Pero, usted, iba a comprar, por
10 un precio irrisorio ...

DIEGO: Lo que usted, como apoderado, malvendía ... En el
comprar así, no hay engaño. Aparte de que yo tampoco
iba a comprar a mi nombre ... Le conviene destruir,
cuanto antes, esos papeles. No me los quiero encontrar
15 cuando me haga usted entrega de ...

EL SR. ROCA: ¿Cómo?

DIEGO: No le extrañará que desconfíe de un administrador
que iba a dejar a mi tío sin un céntimo ...

EL SR. ROCA (*abrumado*): Me va usted a despedir, después
20 de tantos años ...

DIEGO: Tendrá usted que renunciar a su ilusión de una
casita en Carabanchel Bajo [22] ... Pero, en cambio, su
conciencia quedará tranquila.

(*Entra, por la derecha,* IBÁÑEZ 138.)

IBÁÑEZ 138 (*a* DIEGO): Las señoras quieren marcharse.
25 DIEGO (*a* IBÁÑEZ 138): Voy. (*A* EL SR. ROCA.) ¿Espera usted?

EL SR. ROCA (*suspirando*): ¡Qué voy a hacer!

(*Sale* DIEGO, *por la derecha, seguido de* IBÁÑEZ 138.)

ANA (*después de ver salir a* DIEGO, *a* MARTÍN): ¡Vaya un
niño! [23]

---

[22] **Carabanchel Bajo** *a very modest residential district on the
outskirts of Madrid*
[23] **¡Vaya un niño!** Nice boy! (*sarcastic*)

MARTÍN (*triste*): Sí.

ANA: Se había usted quedado corto.[24]

MARTÍN: Creemos conocer, y eso nos basta para presumir
de cínicos, el lado malo de los demás ... Luego, resulta
que los demás tienen, siempre, un lado peor, oculto ... 5

JAIME: Nunca acaba uno de conocer a las personas.

MARTÍN: Y, menos mal. Eso, nos evita el morirnos de asco,
antes que de otra cosa cualquiera.

(EL SEÑOR ROCA *se ha quedado en el centro de la escena,
con la cabeza baja, destrozado.*)

LEONARDO (*por* EL SR. ROCA): ¿Y ése?

MARTÍN (*compadecido*): ¡Pobre hombre! 10

ANA: ¿Sospechaba usted que tenía la secreta ambición de
una casita?

MARTÍN: Confieso que, ahí, me he equivocado. Sospechaba
que, como todo el mundo, abrigaba la ilusión de poseer
una casa, pero nunca pude suponer que en Carabanchel 15
Bajo, la verdad ...

LEONARDO: Era un estafador modesto.

ANA: La querría para ir y venir ... ¡Cae tan cerca! [25]

MARTÍN (*considerando*): Y, ¡para eso! ...

JAIME: Todavía, va usted a tener que agradecerme ... 20

MARTÍN: ¿Cree usted que me hubiese llegado a enterar?

JAIME: Cuando le hubieran dejado en la ruina, ¡qué
remedio! Cuestión de dos meses, no vaya usted a hacerse
ilusiones. Como ese pollo es demasiado listo, picaría en
los negocios en que pican los demasiado listos ... Dos 25
meses, ya le digo ...

ANA (*preocupada*): Y ¿es así toda la gente?

MARTÍN: Pues como cualquiera de nosotros, poco más o
menos.

[24] **Se ... corto** You fell short (in your estimation of your nephew)
[25] **¡Cae tan cerca!** It's located so close (to work)!

(*Por la derecha entran* CARLOTA, FELISA, DIEGO *e* IBÁÑEZ 138. CARLOTA, *todavia apenada, viene del brazo de* DIEGO.)

CARLOTA (*a* DIEGO): No sé cómo agradecerle ...

DIEGO: ¡Por Dios, señora! Era un deber el procurarle un poco de consuelo en estos momentos ... ¡La pérdida del ser querido, en circunstancias tan terribles ... !

5 CARLOTA (*secándose las lágrimas*): ¡Usted no puede imaginarse! Mi vida ha quedado rota, para siempre. Yo había depositado mi cariño y mi fe en él ... Y, ahora, lo he perdido todo, de un solo golpe ... ¡Me quedo tan sola!

DIEGO (*golpeando, con suavidad, la mano de* CARLOTA):
10 ¡No tan sola! Nunca le faltarán buenos amigos que la acompañen, y hagan todo lo posible por aliviar el peso de su dolor ... ¡En cambio, yo! Mi tío, era para mí como un padre ... ¡Más que un padre!

CARLOTA: Usted, tan joven ... Tiene la vida por delante.
15 Pero, yo ...

DIEGO (*consolándola del mismo modo*): ¡No diga! Está usted en la mejor edad de la mujer ... (CARLOTA *sonríe, levemente, dentro de su dolor, agradecida.*) Sería un crimen que se dejase vencer por la tristeza ... La vida,
20 después de esta amargura, le ha de reservar alguna esperanza ... (A EL SR. ROCA.) Venga con nosotros. (*A* CARLOTA.) Es el señor Roca, el administrador de mi tío. También ha sido un golpe muy duro para él. (A EL SR. ROCA.) ¿Verdad?

25 EL SR. ROCA (*sinceramente*): ¡Una terrible pérdida!

DIEGO (*a* CARLOTA): Era su brazo derecho ... El amigo más leal que tuvo nunca.

(ANA *mira a* MARTÍN.)

MARTÍN (*filósofo*): Eso, es muy posible ...

DIEGO (*a* CARLOTA, *por* EL SR. ROCA): Nos acompañará,
por si le necesita usted para algo. ¡Todos los trámites
han de ser tan enojosos! ...

CARLOTA (*tristemente*): Sí. ¡Y estamos tan desamparadas! ...

(DIEGO *golpea de nuevo, suavemente, la mano de* CAR-
LOTA. *Esta, agradecida, sonríe, sin perder su abatimiento.*
DIEGO *la conduce hacia la puerta de la izquierda, por la*
que salen. EL SEÑOR ROCA *los sigue.*)

ANA (*a* MARTÍN): Pero, ¿se ha fijado usted? ¡No le suelta 5
la mano!

MARTÍN: ¡Qué va a soltar ése! ¿No ha advertido usted el
solitario que lleva ella en el dedo?

ANA (*a* LEONARDO, *indignada*): ¡Ante tus propios ojos!

LEONARDO (*preocupado por otras cosas*): ¡Ya! ... 10

JAIME: ¡Si hubiéramos sabido que hay alguien que nos
puede estar viendo!

MARTÍN: ¿Hubiéramos sido mejores?

JAIME: ¡Por fuera! ...

LEONARDO: Más comedidos, por lo menos. 15

ANA (*furiosa, viendo ir a* CARLOTA): Y, además, ¡va a tener
la suerte de que le vaya bien el luto!

(IBÁÑEZ 138 *ha ido hacia la puerta de la izquierda, detrás*
de los otros. Pero se vuelve, al notar que FELISA *se ha*
quedado atrás, mirando a su alrededor, tristemente. En
la puerta se vuelve y ve de nuevo a los otros personajes.
Da un grito y huye, despavorida.)

JAIME (*a* LEONARDO, *por* FELISA): Esa mujer, le hubiera
hecho feliz, seguramente.

LEONARDO: Puede.[26] Pero no con la felicidad que yo bus- 20
caba.

(*Un corto silencio.*)

[26] **Puede** Perhaps

ANA: Debemos comprometernos para que, el que resulte que está vivo, de nosotros, les cante las cuarenta a toda esa gente.[27]

MARTÍN: No sabemos si, al volver a la Vida, el que sea, va
5 a recordar ...

JAIME: ¿Cuál de nosotros será?

LEONARDO: ¿Cuál de nosotros merece volver a vivir?

ANA: ¡Ni que el volver a vivir fuera un premio!

(*Entra, por la izquierda,* IBÁÑEZ 138. *Cruza la escena, y sale por la puerta de la derecha.*)

MARTÍN: ¿Y si, todo esto, no fuera más que un sueño?

(*Todos le miran.*)

10 ANA: ¿Piensa usted que ... ?

MARTÍN: Alguien ha dicho que todo el Universo, toda la Creación, no es sino una idea en la mente de Dios. Cuanto nos ha sucedido aquí, esta noche, puede ser el pensamiento del que, de ustedes tres, conserve un resto
15 de vida. Los demás, podemos estar existiendo, sólo, como personajes de una imaginación en fiebre.

LEONARDO: ¿Por qué uno de nostros tres, y no usted?

MARTÍN: Porque yo no les conocía, antes de ahora. Mal puedo soñarles.[28]

20 JAIME (*sentencioso*): El sueño de la razón, produce monstruos.

ANA: Entonces, tendría que ser Jaime. Es el único que lo vió a usted, en la calle ...

(*Aparece* IBÁÑEZ 138, *por la puerta de la derecha, con una botella de champagne en la mano. Va a la puerta de la izquierda, desde la que llama.*)

27 les cante ... gente will tell all of those people off
28 Mal ... soñarles I could scarcely dream of you

IBÁÑEZ 138 (*llamando*): ¡Eh, tú! ... ¡Dos cincuenta y siete!

(*Espera. Un instante después entra, por la izquierda,* IBÁÑEZ 257.)

IBÁÑEZ 257 (*entrando*): Dime. (*Repara en la botella que tiene en la mano su compañero.*) ¿Qué es eso?

IBÁÑEZ 138: Champán francés. (*Ante la mirada de* IBÁÑEZ 257.) Me la ha regalado la señora. Estaba puesto a en- ⁵ friar, en la nevera ... Por lo visto, se la pensaban beber esta noche ...

IBÁÑEZ 257 (*mirando la botella, que ha tomado de manos de su compañero*): ¡Esos muertos, sabían vivir!

IBÁÑEZ 138: ¿Qué hacemos? ¿La abrimos, o la guardamos para Nochebuena?   10

IBÁÑEZ 257: ¡Hombre, faltan seis meses! ... Yo creo que, para luego, es tarde.

IBÁÑEZ 138 (*sentimental*): Me hubiera gustado que lo catase la parienta ...

IBÁÑEZ 257: Con la familia, estas cosas se quedan en nada. ¹⁵ Y, luego, los vecinos, que vienen en cuanto se corre la voz ²⁹ ... ¡Ibamos a tocar a burbuja y media! ³⁰ Ni tomarle el gusto ³¹ ...

IBÁÑEZ 138 (*convencido*): Pues, anda ...

IBÁÑEZ 257 (*indicando la calle*): Si te parece, podemos ²⁰ invitar a ésa ...

IBÁÑEZ 138: ¿A quién?

IBÁÑEZ 257: A la chacha del muerto de al lado.³²

IBÁÑEZ 138: ¿Está ahí, todavía?

IBÁÑEZ 257: No se atreve a quedarse sola en la casa, porque ²⁵

---

²⁹ **en cuanto ... voz** as soon as the word gets around
³⁰ **¡Ibamos ... media!** Each one of us would get a bubble and a half!
³¹ **Ni ... gusto** We would hardly taste it
³² **de al lado** from down the street

teme que se le aparezca su señor. Dice que ha contado las sábanas, y falta una ...

ANA (*a* MARTÍN): ¿Sería usted capaz?

MARTÍN (*dignamente*): ¿Yo? ¿Como en una casa de baños?

(*Aparece* RUFINA *en la puerta de la izquierda.*)

5 IBÁÑEZ 257 (*a* IBÁÑEZ 138): ¿Qué? ¿Le digo que venga a la marmota?

RUFINA (*entrando, ofendida*): ¡También ustedes! ... ¡Mucho uniforme, y hay que ver qué expresiones! ¿Qué dejan ustedes para los de caquí? (*Viendo la botella en manos*

10 *de* IBÁÑEZ 257.) ¿Qué van ustedes a celebrar?

IBÁÑEZ 257: Mi bautizo.

RUFINA: Será el de fuego [33] ...

IBÁÑEZ 138: Nos la ha regalado la viuda.

IBÁÑEZ 257 (*empezando a abrir la botella*): Por los servicios

15 prestados.

RUFINA (*quitándole la botella*): Traiga. La destaparé yo, que lo sé hacer sin taponazo.

IBÁÑEZ 257: ¿Es que, sin taponazo, sabe mejor?

RUFINA: No sé, pero hace más fino.[34]

20 IBÁÑEZ 257: A mí me gusta que haga ruido.

IBÁÑEZ 138: ¿Para que se entere la vecindad?

RUFINA: Eso, y crean que ha empezado, otra vez, el cacao.[35]

IBÁÑEZ 138 (*a* RUFINA): Espera. Voy por unas copas.

RUFINA (*con cierta aprensión*): ¿Aquí? ¿No les parece a

25 ustedes? ... Al fin y al cabo, no hace dos horas que ... Da un poco de reparo.[36]

---

[33] **Será el de fuego** Probably your baptism of fire (*implying that that evening was the first time he had fired a gun on duty*)

[34] **pero ... fino** but it's more elegant

[35] **Eso ... cacao** That's right, and they may think the shooting has started again

[36] **Da ... reparo** It makes one feel odd

IBÁÑEZ 257 (*por* RUFINA): Está en todo. ¡Y más dispuesta! [37]
A mí, se ha empeñado en coserme la gorra.

IBÁÑEZ 138: Vámonos a la cocina.

RUFINA: Eso. Allí, el beberse las botellas de los señores,
hace más propio.   5

(*Van los tres hacia la derecha. Salen.* ANA, JAIME, LEO-
NARDO *y* MARTÍN *se miran, en silencio.*)

LEONARDO (*rompiendo el silencio, impaciente*): ¡No es
posible que, todo este tiempo! ...

MARTÍN: ¿Qué tiempo?

LEONARDO: El que llevamos aquí ... El que ha pasado,
desde que ...   10

ANA: ¿Y si, tampoco, ha pasado el tiempo?

JAIME (*sin comprender*): ¿Cómo?

ANA: El tiempo, es cosa de vivos. Nosotros, estamos, ya, en
la Eternidad, donde las horas no cuentan. Una gota de
agua, en el mar, es el mar ... Un minuto, en la Eternidad   15
... (*Se detiene, al ver que* JAIME, *como un autómata, se
dirige al ventanal del fondo. Asustada.*) ¡Jaime! (JAIME
atraviesa el ventanal, a través de los cristales.) ¡Jaime,
que te vas a cortar! (JAIME *se pierde en la sombra.* ANA,
angustiada, mira a los otros dos.) ¿Dónde va?

LEONARDO: ¿Lo sabe él?   20

MARTÍN: ¿Quién quisiera saber dónde va?

LEONARDO (*agitado*): ¡Yo! ¡Lo prefiero todo, a quemarme
en esta impaciencia!

MARTÍN: No hablemos de quemarnos antes de tiempo ...
(*Por* JAIME, *mirando hacia el ventanal.*) ¡Va a Dios! A 25
fundirse en su cólera, o en su júbilo.

ANA (*asustada*): ¿Cree usted en la cólera de Dios?

MARTÍN: No me trae cuenta [38] creer en ella ... A nadie le

---

[37] ¡Y más dispuesta! And so eager!
[38] No me trae cuenta It does not interest me

trae cuenta. Pero, ¿qué importa, ya, lo que creamos?
¿Qué ha importado, nunca, lo que pensemos, aquí abajo,
los hombres?

(*Se detiene. Ahora es* LEONARDO *el que, del mismo modo
que* JAIME, *se dirige al ventanal, lo atraviesa y se pierde
en el aire.* ANA *y* MARTÍN *lo ven alejarse, impresionados.
Se miran después.*)

ANA (*casi sin voz*): Uno, de los dos ...
5 MARTÍN (*preocupado*): Sí.
ANA (*recordando*): Todos dijimos que no querríamos volver a vivir. Todos, menos usted. Usted, no dijo nada.
MARTÍN: No. No dije que, yo, tampoco querría seguir
viviendo.
10 ANA: ¿Por qué? Usted no tenía ninguna culpa. Su vida
se reanudaría, igual que antes.
MARTÍN: ¿Valdría la pena?
ANA: ¿Le asusta la ruina que le tiene preparada su sobrino?
15 MARTÍN: Si recobraba, con la vida, la memoria de esta
hora, mi sobrino no podría hacer nada ...
ANA: Entonces, lo que teme usted es volver, sin recordar ...
MARTÍN: No. Eso, sería mi salvación. Lo que no quiero
20 imaginar es lo que iba a ser el resto de mi vida, con
este recuerdo ...
ANA: ¿Por qué?
MARTÍN: Porque la he visto a usted ... ¡y no iba a volver a
verla, nunca más!
25 ANA (*sorprendida por las palabras y el tono apasionado de*
MARTÍN): ¿Qué dice usted?
MARTÍN: Eso.[39] No podía decirlo, delante de los otros ...
Porque ellos tenían sobre usted el derecho que da al

[39] **Eso** Just that

hombre, sobre una mujer, un recuerdo de amor ... ¡Ellos,
que la tuvieron a usted en sus manos, y la dejaron esca-
par entre los dedos! ... ¡Que la engañaron tan torpe-
mente como la habían amado! ... ¡Que vivieron cerca de
usted, mientras yo no la había visto ni pasar, siquiera! ... 5

ANA: ¡Vaya usted a saber! [40] Quizá pasó por mi lado, y ni
reparó en mí.

MARTÍN: De haberla visto, habría sentido, entonces, lo
mismo que sentí al encontrarla aquí, al entrar. Esa certidumbre, como un relámpago, cuando nos encontramos 10
con la mujer que creemos hecha para nosotros, especial-
mente ... para nuestro bien, o para nuestro mal ...

ANA (*interesada*): ¿Cree usted que yo le hubiera podido
hacer feliz?

MARTÍN: No. Tampoco. Usted, hubiera sido la cuarta 15
mujer que me hubiese hecho desgraciado.

ANA (*con coquetería, halagada*): Muchas gracias.

MARTÍN (*extrañado*): Gracias, ¿por qué?

ANA: Por ese amor. Ningún hombre es desgraciado por
culpa de una mujer, si no se ha vuelto, antes, loco por 20
ella.[41] Y, eso, es muy agradable para la mujer.

MARTÍN: ¿Aunque no quiera a ese hombre?

ANA: Aunque no le quiera. O ni le quiera ni le deje de
querer,[42] que es lo más corriente ... ¿Comprende usted? A
mí, me encanta agradarle a usted, y que usted me lo 25
diga ...

MARTÍN (*triste*): Cuando, ya, todo es imposible entre nosotros ...

ANA: Por eso mismo. Porque ya es solo mi alma lo que
usted ama ... 30

MARTÍN (*extrañado*): ¿Su alma?

[40] **¡Vaya usted a saber!** How can you tell!
[41] **si no se ... ella** if he had not been crazy about her before
[42] **O ni ... querer** Or she may love him or be indifferent to him

Ana: Pues, claro, hombre ...

Martín (*reflexionando*): No. Su alma, me parece espantosa ...

Ana (*sorprendidísima*): ¿Que dice?

5 Martín: Está llena de pequeños defectos, de liviandades de todos los tamaños ... Vacía de toda moral, sin advertirlo, que es lo más grave ... Es usted mezquina, frívola ... Sensual, sin pasión. Infiel, por herida de la vanidad, no del amor ... Ligera, no por agilidad, sino por falta de

10 peso ... Mujer. Mujer, en el mal sentido de la palabra ...

Ana (*entre angustiada y dolida*): Pero, todo eso que me está usted diciendo, ¡es horrible!

Martín: ¡Horrible, sí! Dicho, es horrible. Escrito en un papel, sería espantoso. Pensado, solamente, estremece-

15 dor. Pero, en usted, asomado a sus ojos, dibujado en su sonrisa, es adorable ... En usted, me atrae todo lo que debiera repelerme.

Ana (*desconcertada*): No sé qué decirle ... Estoy aturdida. Nunca, nadie, me ha hecho el amor poniéndome como

20 un trapo [43] ...

Martín (*preocupado*): Yo, tampoco lo entiendo. Porque es amor, no hay duda. Pero no puede estar inspirado por sus encantos físicos, porque no pueden caber en mí deseos de lo que ya no soy, de hombre vivo ...

25 Ana (*asombrada de su sospecha*): ¡Usted es el que no se ha muerto! ... ¿No se da cuenta? Le corre a usted sangre por las venas, todavía ...

Martín (*negando*): No creo. He perdido demasiada, ahí, en la calle.

30 Ana: ¡Anda! Hoy, la sangre se repone en seguida ... Le dan a usted la de otro señor, al que ni siquiera conoce ... ¡Esa sangre es la que le presta a usted ese amor tan singular! ...

[43] **poniéndome como un trapo** treating me like a rag

MARTÍN: No. El amor, es mío. De eso, estoy seguro. Esa sangre postiza que usted dice, no ha podido hacer más que reavivar mi sueño, si es verdad lo que usted supone, y yo me resisto, con todas mis fuerzas, a creer ... No me resignaría a vivir sin usted ... No me resigno a pensar que 5 podría resignarme ... ¡Sería capaz de ... !

ANA: ¿De bajar a los infiernos por mí, como Orfeo?

MARTÍN (lamentándolo): ¡Tengo tan mala voz! Pero, ¿por qué va usted a ir al Infierno? ¿Por qué?

ANA: Pues, hombre, por lo que se va al Infierno ... Usted 10 mismo acaba de hacer el inventario [44] ...

MARTÍN: No tiene usted la culpa. Usted es un producto de este tiempo en que vivimos, sin fe en nada, o con excesiva fe, de una sola pieza,[45] en algo. De este mundo que, sin duda porque ve venir el átomo desintegrador 15 que va a acabar con él, quiere agotar, a prisa, todos los vicios. Incluso los que no le interesan ... Usted es el modelo de esta temporada ...

ANA (negando, preocupada): Cada uno de los defectos que usted me ha señalado, lleva un pecado envuelto ... Y 20 salen más de siete. Los pecados, son de todos los tiempos.

(Se oyen, dentro, unas risas de RUFINA y los dos guardias.)

MARTÍN (desesperado): ¡Ha de haber perdón, para nosotros, los pecadores! ¿En quién, si no, se va a emplear la infinita misericordia? (Se oyen las risas, dentro. Molesto.) ¡Esas risas! 25

ANA: ¿Qué quiere usted? Son la Vida, que sigue ... El mundo no se acaba tan fácilmente ... (Suenan, más fuertes que nunca, las risas. ANA cambia de actitud y de

---

[44] **Usted ... inventario** You yourself have just taken stock (of my sins)

[45] **de una sola pieza** solid, unbroken

gesto, como si empezara a desvanecerse. En voz baja.)
Ya se han callado ...

*(Como no se han callado, sino todo lo contrario, MARTÍN
la mira, extrañado. De la calle viene la música de un
aparato de radio.)*

MARTÍN *(irritado)*: ¡Y esa música, ahora! ...
ANA *(ausente)*: ¿Qué música?

*(MARTÍN la mira, aterrado. Se oye, dentro, el ladrido del
perro.)*

MARTÍN: ¿Tampoco oye usted ese perro?
5 ANA *(perdida)*: ¿Cuál?

*(Sin aguardar contestación, ANA, con el mismo auto-
matismo que JAIME y LEONARDO, se dirige al ventanal.)*

MARTÍN *(angustiado)*: ¡No! ¡No! ¡No puede ser! *(Trata
de retenerla, de tomarla en sus manos, pero siente como
si se le resbalara. Queda espantado viéndola ir. Desesperado.)* ¡Ana! *(ANA se pierde, por el ventanal.)* ¡Ana!
... ¡Espérame! ... ¡Algún dia! ...

*(Suben de volumen, exageradamente, las risas, la música
y el ladrido del perro. MARTÍN da unos pasos, como si se
encontrara enjaulado. Se tapa los oídos con las manos.
En esta actitud se sienta, desesperado. De pronto cesan
todos los ruidos. MARTÍN, extrañado, alza la vista, sin
saber qué le pasa. Suena el timbre del teléfono. MARTÍN
mira al teléfono. Un instante después aparece, en la
puerta de la derecha, IBÁÑEZ 138. Va al teléfono y lo
descuelga.)*

IBÁÑEZ 138 *(al teléfono)*: ¡Diga! ... Sí, soy yo ... ¿Qué hay?
*(Escucha, con atención. Aparece, en la puerta de la
derecha, IBÁÑEZ 257. Trae una copa en la mano y tiene*

desabrochado el cuello de la guerrera. No está borracho, aunque llega riendo. Queda junto a la puerta. Martín *no quita la vista de* Ibáñez 138. *Al teléfono.*) ¡Vaya, hombre! ...

Ibáñez 257: ¿Qué ocurre?

Ibáñez 138 (*al teléfono*): Bueno, ahora vamos. (*Cuelga. Se vuelve a* Ibáñez 257.) El que quedaba vivo, que acaba de palmar.

(Martín *se pone en pie de un salto, lleno de alegría.*)

Ibáñez 257: ¿Cuál era, por fin?   5

Ibáñez 138: Ya, ¿qué más te da?⁴⁶

Ibáñez 257: Es verdad. (*Con un medio suspiro.*) ¡En fin! (Martín *corre hacia el ventanal, mientras* Ibáñez 257 *alza su copa, en un brindis imaginario.*) ¡Buena suerte!

(*Apura el contenido de la copa.*)

Martín (*desde el ventanal, volviéndose*): ¡Gracias! (*Cruza el ventanal, gritando.*) ¡Ana! ¡Ana! ¡Espérame!   10

(*Los dos guardias van a la puerta de la derecha.* Ibáñez 257 *empieza a abrocharse el cuello de la guerrera. Salen. La escena queda sola. La voz de* Martín *se aleja.*)

La Voz de Martín (*perdiéndose*): ¡Ana! ¡Ana! ¡Ana! ...

TELÓN

FIN DE LA COMEDIA

⁴⁶ ¿qué más te da? What does it matter to you?

Preguntas

ACTO PRIMERO

Páginas 23–28

1. ¿Quiénes están en escena al levantarse el telón?
2. ¿Qué necesita oír la Mujer una vez y otra?
3. Mientras se hablan el Hombre y la Mujer, ¿qué se oye en la calle?
4. ¿Por qué grita la Mujer después del segundo disparo?
5. ¿Dónde cae el Hombre después del tercer disparo?
6. ¿Qué otros ruidos se oyen en la calle?
7. ¿Qué se ve en el suelo después de levantarse la Mujer?
8. ¿Qué queda en el suelo después de levantarse el Hombre?
9. ¿Cómo se llaman la Mujer y el Hombre?
10. ¿Por qué conduce Ana a Leonardo al sofá?
11. ¿De qué se dan cuenta Ana y Leonardo?
12. ¿Quién los habrá matado?
13. ¿Qué había comprado Jaime el lunes?
14. ¿Por qué no pensó Ana que Jaime lo hubiera comprado con la intención que tenía?
15. ¿Qué es lo que no comprende Ana?
16. ¿Dónde les había dado Jaime?
17. Según Ana, ¿qué debía reconocer Leonardo?
18. ¿Con quién acababa Calderón en sus comedias para lavar la mancha de su honor?
19. ¿Qué puede haber tenido Leonardo?
20. ¿Qué se oye en ese momento?

Páginas 28–38

1. ¿Quién entra en escena?
2. ¿Qué les pregunta Martín?
3. ¿Qué es lo que no le ilusiona mucho a Martín?
4. ¿A quién odia Martín?
5. ¿Quién es Martín?
6. ¿Dónde ha querido quedarse Martín a la hora de partir?

7. ¿Por qué había entrado en la casa Martín?
8. ¿Por qué debían bajar la voz?
9. ¿Por qué no le importa eso a Leonardo?
10. ¿Qué es lo que no ha creído Martín?
11. ¿Por dónde iba Martín? ¿Con quién?
12. ¿Qué se oye de nuevo?
13. ¿Qué oyó Martín al doblar la esquina?
14. ¿De qué se ponen a hablar los dos hombres?
15. ¿Qué dice Martín de su perro?
16. ¿En dónde puede dar una bala perdida?
17. ¿Qué se había dejado Martín en la acera?
18. ¿Por qué no quiere Ana que Martín vea su cadáver detrás del sofá?
19. ¿Por qué no puede bajar su falda Ana?
20. ¿Quién mató a los tres?
21. ¿Conocía Martín al esposo?
22. ¿Siente Martín haber perdido la vida?
23. ¿Qué es lo que no sería lo mismo para Martín?
24. Según Martín, ¿qué diferencia a los perros de los hombres?

Páginas 38–44
1. ¿Quién entra angustiado?
2. ¿Qué grita al entrar?
3. ¿De qué se ha enterado tarde Jaime?
4. ¿Cómo sabía Ana que le habían dado ya?
5. ¿Por qué mató Jaime a Martín?
6. ¿Para quién estaba destinada la primera bala?
7. ¿Por qué se ha hecho muy impopular Jaime?
8. ¿Quién es el único que puede llamarle a Jaime lo que quiera?
9. ¿Qué le mandarían a Martín si estuvieran vivos?
10. ¿Cómo explica Ana su presencia en casa de Leonardo?
11. ¿De quién eran las cartas?
12. ¿Por qué estaba aterrada la amiga de Ana?
13. ¿La cree Jaime?
14. ¿Por qué es tarde para caerse muerta Ana?
15. ¿Por qué no quiere dar Ana el nombre de su amiga?

Páginas 44–53

1. ¿Cómo se llaman los guardias que entran en escena?
2. ¿Por qué no le gusta a Ana que la vean muerta?
3. ¿Por qué tiene que dar su número el guardia al llamar por teléfono?
4. ¿Qué información da Ibáñez 138 al jefe?
5. ¿Qué esperan recibir los guardias por este servicio?
6. ¿Qué se oye en la calle?
7. ¿Quién es Rufina?
8. ¿Por qué debe tener cuidado con lo que dice?
9. ¿Quién es el señorito Diego?
10. ¿Por qué cree Rufina que el señorito Diego ha matado a Martín?
11. ¿Están de acuerdo con ella los guardias?
12. Según Rufina, ¿qué le convenía más a su señor? ¿Por qué?
13. ¿Qué quiere hacer Rufina con el señor?
14. ¿Por qué no se puede tocar nada?
15. ¿Qué mandará decir Rufina por su señor?
16. ¿Qué le sorprendería mucho a Martín?
17. ¿A quién besó Ana?
18. ¿Qué le pareció el beso a Ibáñez 257?
19. Según Rufina, ¿qué habrá sido?

ACTO SEGUNDO

Páginas 54–63

1. ¿Quiénes se hallan en escena después de levantarse el telón?
2. ¿A quién dice Martín «buen viaje»?
3. ¿A dónde le habría interesado ir a Leonardo?
4. ¿Qué lleva en las manos Jaime al entrar?
5. ¿Qué se oye en la radio?
6. ¿Qué está haciendo Jaime?
7. ¿Qué quiere hacer Jaime con el velador?
8. ¿Qué mentira dijo Ana?
9. ¿Qué debe inventar una mujer en un trance apurado?

10. Según Ana, ¿cuándo deben preocuparse seriamente las mujeres?
11. ¿Qué es lo que no sabía Jaime?
12. ¿Qué pregunta le hace Martín a Jaime?
13. ¿De qué goza una mujer engañada?
14. ¿Por qué está indignada Ana al oír esto?
15. ¿Cómo averiguó Jaime que Ana le engañaba?
16. ¿En que insistió mucho Ana esa noche?
17. ¿Por qué esperó Jaime en la esquina de Velázquez?
18. ¿Hasta dónde siguió Jaime a su mujer?
19. ¿Qué pudo haber supuesto Jaime?
20. ¿Qué es lo menos que iba a suponer Jaime?
21. ¿Qué saca Leonardo del «secretaire» que sorprende a los tres?

Páginas 64–71
1. ¿Por qué está muy indignada Ana?
2. ¿Qué quiere hacer Jaime?
3. ¿Por qué no puede matar Jaime a Leonardo?
4. ¿Qué dice Martín de Eugenia?
5. ¿Qué hace Ana pasado el primer estupor?
6. ¿Quiénes entran por la puerta de la izquierda?
7. ¿Qué viene Rufina a decirle a Ibáñez 138?
8. ¿Quiénes van a venir pronto?
9. ¿Por qué quiere quedarse Rufina?
10. ¿Qué ha hecho Rufina con el perro?
11. ¿Qué sospecha Martín que van a poder comprobar?
12. ¿De quién es la casa de Leonardo?
13. ¿Cuándo se murió la tía?
14. ¿De qué está hablando Ibáñez 257 al señorito Diego?
15. ¿Qué creyó Rufina de los motoristas?
16. ¿Para que sirvió el dinero de Martín?
17. ¿Quiénes han hecho sufrir terriblemente a Martín?
18. ¿En qué había puesto Martín un poco de fe?
19. ¿Qué hace Jaime?
20. ¿Por qué no puede Eugenia llamar a Jaime?
21. ¿Quién entra en escena por primera vez?

22. ¿Qué edad tiene Diego?
23. ¿Cómo es la familia del padre de Diego?
24. ¿Con quién habla Diego por teléfono?
25. ¿Parece muy triste Diego al hablar de la muerte de su tío?

Páginas 71–79

1. ¿Quiénes son Carlota, Felisa y Mauricio?
2. ¿Qué indica Ibáñez 138 al entrar?
3. ¿Qué es lo que no debía preguntar Felisa?
4. ¿Cómo contesta Carlota a las preguntas?
5. ¿Cómo habían identificado a Leonardo?
6. ¿Qué le pasa a Felisa?
7. ¿Qué grita Felisa?
8. ¿Ve en realidad a Leonardo?
9. Según Ana, ¿qué le habrá pasado a Felisa?
10. ¿A qué otras personas ve Felisa?
11. ¿Qué pide a gritos Felisa a Leonardo?
12. ¿Qué es todo lo que se le ocurre pensar a Carlota?
13. ¿De qué no se daba cuenta Leonardo?
14. ¿Sabía Carlota lo de Ana Montalvo?
15. ¿Por qué se indigna Ana?
16. ¿Qué dice Ana del vestido que lleva Carlota?
17. ¿Qué es lo más cómico de todo?
18. ¿Por qué no falla Carlota si se lo ha dicho Elvira?
19. ¿Qué dice Carlota de Eugenia y de Ana?
20. ¿Por qué no siente mucho Carlota la muerte de su marido?
21. ¿Qué habría hecho Leonardo si hubiera sabido que había algo entre Carlota y Mauricio?

Páginas 79–88

1. ¿Con quién quiere casarse Carlota?
2. ¿Por qué dice Mauricio que es imposible casarse ahora?
3. ¿Qué buscaba Mauricio en Carlota?
4. ¿Qué lujos podía permitirse Mauricio?
5. ¿Qué lujos debía poner el marido?
6. ¿Qué confiesa Mauricio a Carlota?
7. ¿Después de oír todo eso, todavía ama Carlota a Mauricio?

8. ¿Qué ha hecho Carlota toda su vida?
9. ¿Qué acaba de perder Carlota?
10. ¿Qué le extrañaba a Ibáñez 138?
11. ¿Cómo está Felisa?
12. ¿Por qué le pregunta Jaime a Martín si pueden manejar fuego?
13. ¿Quiénes entran en escena?
14. ¿A quién tiene que esperar Diego?
15. ¿Adónde deberá ir Diego?
16. ¿Qué parece mentira?
17. ¿Qué han tenido que soportar?
18. Según Ana, ¿por qué no están en el **Purgatorio**?
19. ¿Qué había leído Martín?
20. ¿Qué estará escrito en cada pasaporte?
21. ¿Para qué es tarde?
22. ¿Qué les ha robado Jaime?
23. ¿Qué suena en ese momento?
24. ¿Qué noticias recibe Ibáñez 138?
25. ¿Cuál de los cuatro tiene vida?

ACTO TERCERO

Páginas 89–95

1. ¿Por qué les preocupa a los guardias saber que uno de los cuatro todavía está vivo?
2. ¿Por qué le extraña a Ibáñez 257 que Carlota esté inconsolable ahora?
3. ¿Por qué le da pena eso a Ibáñez 138?
4. ¿De qué logró convencer a su mujer Ibáñez 138?
5. ¿Por qué va Ibáñez 138 a decirle a Carlota que no se aflija mucho?
6. ¿Le ilusiona a Ana volver a la vida?
7. ¿De qué no puede librarse Ana?
8. ¿Por qué es el pecado de Ana el peor de todos?
9. ¿Por qué no quisiera volver a vivir Leonardo?
10. ¿Qué es lo que no perdonaría Eugenia?

11. ¿Quién era la única que quería de verdad a Leonardo?
12. ¿Por qué no perdonará nunca la tía Ernestina a Ana?
13. ¿Por qué no tiene nada que temer Jaime si vuelve a la vida?
14. ¿Qué harán en el Tiro de Pichón?
15. ¿Qué habían olvidado los otros?
16. ¿Qué es Jaime respecto a Martín?
17. ¿Por qué se iban a reír todos los tiradores de Madrid?
18. ¿Por qué no ha ido nunca de caza Martín?
19. ¿Por qué no ofrece problemas la vuelta a la vida de Martín?
20. ¿Quiénes interrumpen el discurso?
21. ¿Quién es el señor Roca?

Páginas 95–100

1. ¿Por qué no se da cuenta Martín que el administrador lleva una corbata negra por él?
2. ¿Quién habla con el señor Roca?
3. ¿Qué se está figurando Ana?
4. ¿De qué tendrá que ocuparse el señor Roca?
5. ¿Qué iban a hacer Diego y el señor Roca?
6. ¿De qué gozaba el señor Roca?
7. ¿Qué es lo que no quería Martín?
8. ¿Qué le había dado Martín a su administrador?
9. ¿De qué no se hubiera enterado nunca Martín?
10. ¿En qué caso se hubiera enterado Martín?
11. ¿A quién va a ir la fortuna de Martín?
12. ¿Por qué no se ve obligado Diego a compartir nada con el señor Roca?
13. Según Diego, ¿qué probarían los papeles que tiene el señor Roca?
14. ¿Por qué desconfía Diego del señor Roca?
15. ¿A qué tendrá que renunciar el señor Roca?
16. Según Martín, ¿qué creemos conocer?
17. ¿Qué resulta después?
18. ¿Cómo se ha quedado el señor Roca?
19. ¿Qué es lo que no sospechaba Martín?

20. ¿Cuándo hubiera llegado a enterarse Martín?
21. ¿Qué era un deber para Diego?
22. ¿Por qué ha quedado rota la vida de Carlota?
23. ¿Por qué no va a quedar tan sola Carlota?
24. ¿Qué sería un crimen para Carlota?
25. ¿Qué cree Martín que sea muy posible?

Páginas 101–106

1. ¿Por qué no va a soltar Diego la mano de Carlota?
2. ¿Qué suerte va a tener Carlota?
3. ¿Qué idea se le ocurre a Ana?
4. ¿Qué es lo que no saben ellos?
5. ¿Qué puede ser todo lo que les ha sucedido?
6. ¿Por qué no puede ser Martín el que está soñando?
7. ¿Quién tendría que ser entonces? ¿Por qué?
8. ¿Qué le ha regalado la señora a Ibáñez 138?
9. ¿Cuál de los dos guardias es más sentimental? ¿Por qué?
10. ¿A quién quiere invitar Ibáñez 257?
11. ¿Por qué no se atreve Rufina a quedarse sola?
12. ¿Por qué quiere destapar la botella Rufina?
13. ¿Por qué van a la cocina a tomar el champán?
14. ¿Qué dice Ana del tiempo?
15. ¿Cómo sale de escena Jaime?
16. ¿Por qué no se corta?
17. ¿De qué no deben hablar antes de tiempo?
18. ¿Qué hace Leonardo?

Páginas 106–111

1. ¿Por qué dice Ana «Uno, de los dos»?
2. ¿Qué es lo que tampoco querría Martín?
3. ¿Qué es lo que no quiere imaginar Martín? ¿Por qué?
4. ¿Cómo reacciona Ana a las palabras de Martín?
5. ¿Qué había sentido Martín al entrar?
6. ¿Qué hubiera sido Ana para Martín?
7. ¿Qué le encanta a Ana?
8. ¿Qué le parece a Martín el alma de Ana?
9. ¿Qué es lo que no ha hecho nunca nadie?

10. ¿Por qué siente Martín ese amor tan singular?
11. ¿Por qué no tiene la culpa Ana de sus pecados?
12. ¿Cómo niega eso Ana?
13. ¿Qué es lo que no oye de repente Ana?
14. ¿Qué hace Ana?
15. ¿Puede retenerla Martín?
16. ¿Qué noticias recibe Ibáñez 138?
17. ¿Qué hace Martín al oír esto?

Vocabulario

The vocabulary has been purposely simplified eliminating as much explanatory information as possible. In each case the textual (not necessarily the traditional) meaning is given. The first 500 words of the Keniston list are not included except for several dozen that have special meaning or appear in idiomatic expressions. Difficult words in the passages translated in the footnotes are not repeated in the vocabulary. Easily recognizable cognates are excluded. Others which might not be recognized at first sight by the student, such as **asesino** and **estilo,** are included.

Nouns ending in **a** are feminine and those ending in **o** are masculine, unless otherwise indicated. The gender of all other nouns is given.

A

abatimiento depressed mood
abierto *p.p. of* abrir to open
abogado lawyer
abrazado embraced
abrigar to cherish
abrochar to button
abrumado overwhelmed, down-
cast

aburrir to bore
acabar to finish; — de + *inf*. to
have just
acariciar to caress, fondle
acaso: por si — just in case
acceder give in, consent
acera sidewalk
acercarse to approach
acertar to come out right
acongojado deeply grieved

acostumbrado usual, accustomed

acostumbrar to accustom; to be accustomed

actitud *f*. attitude

activo active; en — when I used to get around

acudir to go

acuerdo: estar de — to agree

acusador accusing

adecuado appropriate, adequate

adelantar to make headway; to move forward

ademán *m*. gesture

administrador administrator, executor, trustee

administrar to administer

advertir to notice, warn; se advierte can be seen

afectar to be moved *or* upset

aflijir to afflict

aflojar to loosen

afortunadamente fortunately

afortunado fortunate

afuera out, outside

afueras *f*. outskirts, suburbs

agilidad *f*. agility

agotar to exhaust, consume

agradable pleasant

agradar to please

agradecido grateful

agresor assailant, killer

aguantar to hold on; to tolerate

aguardar to await

agujeros (bullet) holes

ahogar to choke

ahorros *m*. savings

alarmadísimo quite alarmed

alegría happiness

alejarse to withdraw, go away; to go off in the distance

alemana German

alfombra carpet

alhaja jewel

aliviar to relieve, alleviate

alivio relief, alleviation

alquilar to rent

alquiler *m*. rental

alrededor around; — de around her *or* him

alterarse to stir oneself up, disturb oneself

alternar to change off, alternate

alternativamente alternately

alto halt

alumbrado lighting; falta de — faulty lighting

alzar(se) to raise, raise up

amable pleasant, kind

amargar to embitter

amargura bitter experience

amenaza menace, threat

amparo protection; vivir al — de to live off

amueblado furnished

ángulo corner, angle

angustiado anguished

anhelante anxious, breathless

animado excited

ánimo courage

anónimo anonymous

ansia anxiousness, desire, anxiety

ansiedad *f*. anxiety

antemano beforehand

anterior previous

apagar to put out (lights)

aparato apparatus

aparcar to park

aparecer to appear

apasionante impassioned

apellido surname

apenado grieved

aperitivo aperitif

aplazar to postpone

apoderado having power of attorney

apoyar to lean against; to support

aprender to learn; — de memoria to memorize

aprensión *f.* apprehension

apretar to press; to keep down

aprobar to approve

aprovechar(se) to take advantage

apuntar to aim

apurado difficult

apurar to consume; to drain down

árbitro umpire

árbol *m.* tree

arrancar to pull away

arrastrar to drag

arrebatar to take from; to snatch

arreglar(se) to arrange; to tidy up

arrendar to lease, rent

arrepentimiento repentance

arruga wrinkle

ascender to be promoted, advanced in rank

asco nausea, disgust

asentir to agree

asesino assassin

asomar to look out; to remain in view

asombrado frightened

asunto affair, matter

asustar to frighten; to be frightened

ataque *m.* attack

atar to tie

atención *f.* detail

aterrado terrified

átomo atom

atraer to attract

atrás back, behind

atravesar to traverse, pass through

atreverse to dare

aturdido bewildered, stunned

aullar to howl

auricular *m.* receiver (*of a telephone*)

ausente distracted, absent

autómata *m.* automaton

avanzar to advance

averiguar to find out

avisar to warn, notify

(El) ayuda de cámara valet

azorado confused, terrified

B

bajar to lower

bala bullet

baño bath; casa de — bathhouse

baraja deck of cards

barbaridad *f.* barbarous act, outrage

bárbaro barbarian

barullo scandal

barrio neighborhood, section of a city

base: a — de by means of

bastar to suffice

bautizo baptism

benéfico charitable

besar to kiss

boda wedding

bohío Indian hut

bolsillo pocket

bolso purse

bombón *m.* candy

borracho drunk

brasa red-hot coal

brillantísimo most brilliant

brindis *m.* drinking toast

broma joke

bruto crude, uncouth

Bustamante *family name*

C

caber to fit; to enter into

cabo end; al fin y al — after all

cacería hunt
cadena chain
caer to fall; to understand
caja box, case
cajón *m.* drawer
caliente warm
calor *m.* warmth
calvicie *f.* baldness
calzado footwear
callar(se) to be silent
calle street; la — de uno the street where one lives
cámara: ayuda de — valet
cambiar to change, exchange
cambio change
camino road, street
campanada sensational scandal
campanilla bell
campante gay and fancy free
cana gray hair
cansar to tire, weary; to become tedious
cantar to sing
capaz capable
capitán: de — when he was a captain
caquí khaki; los de — soldiers
caramelo hard candy
cárcel *f.* prison
cargador *m.* automatic magazine pistol
caries *f.* caries, cavities
cariño love, affection
carta letter, chart, map
carrera career
casa: ser de — to feel at home
caso: ponerse en el — to become aware of a situation
castigo punishment
casualidad *f.* coincidence
catar to taste
causante *m. or f.* principal in a legal case (*here, the murderer*)
caza hunting

cazar to hunt down
ceder to give in, yield; — el paso to make way
celos jealousy
cemento cement; — armado reinforced concrete
cenicero ashtray
céntimo cent, *hundredth part of a peseta*
cero zero
certidumbre *f.* certainty
ciego blind
científico scientific
cifra number
cigarillo cigarette
cine *m.* movies
cínico cynic; asi de — so cynical
círculo circle
cita appointment
citación *f.* citation, summons
cívico civic
claridad *f.* light, brightness
¡claro! of course, naturally
clavar to nail; to dig into
cliente *m. or f.* customer, client
coartada alibi
cobrar to charge
cocinera cook
coche *m.* automobile
cólera anger
colgar to hang up
colmo height, apex
colonia section of a city
collar *m.* necklace
comandante: de — when he was a major
comedido prudent
comentario comment
comenzar to begin
cometer to commit
cómodo comfortable
compañero buddy, friend
compañia company; hacer — to keep company

compasivo compassionate
cómplice *m. or f.* accomplice
compras: ir de — to go shopping
comprender to understand
comprensivo sympathetic, understanding
comprobar to prove; to check
comprometedor compromising, incriminating
comprometer to agree on
comunicar to connect; to communicate
conciliador conciliatory
conducir to conduct
conectar to turn on
confiado trusting
confianza trust
confiesa (confesar) to confess
congoja anguish
conmovido sympathetic, moved, upset
conquista conquest
conservar to preserve, retain
construcción *f.* building (under construction)
consuelo consolation
consumar to consummate, finish
consumir to consume
contar to relate, tell; — con to count on
contener to hold back
contenido contents
contraria opposite
contrariado vexed
contrato contract
contribuyente *m. or f.* taxpayer
contrición *f.* contrition, repentance
convencer to convince
convenir to be proper; to be advisable
copa wineglass
Copa de Castilla Cup of Castille (*trophy*)

coquetería coquetry
corbata tie
cortar to cut
correctamente politely
corregir to correct
corriente current, ordinary, customary
costa expense
costumbre *f.* habit
cotización *f.* standing, **status**
creciente growing
crespón *m.* crepe
crimen *m.* crime
cristal *m.* glass
cromo chromolithograph
cruzar(se) to cross
cuadro painting
cualquiera any, anyone
cuanto: — antes as soon as possible
cuarenta forty
cubrir(se) to cover
cuello collar
cuenta account, bill; **caer en la** — to understand, catch on; darse — de to realize, to notice; traer — to be interested in
cuerpo body, corpse
cuestión *f.* argument, question, problem
cuidar to care for, to bother
culpa guilt, blame
culpable guilty
cultivado cultured
cumplir to fulfill

CH

chacha *coll.* maid
chafar to mess up, crumple
champán *m.* champagne
chata pug-nose, cutie
chica girl

chiste *m.* joke
chocar to shock

D

decente decent
declaración *f.* statement, testimony
declarar to testify, declare
decorado stage set
definitivo definitive, final
dejar to leave; to let, permit; — fuera to leave out; — de + *inf.* to stop
delante de in front of
demás: los demás the others
demasiado too, too much
¡demonio! the deuce!
dentro backstage, inside, within
dependencia branch office; — oficial government offices
depositario trustee
depósito morgue
derecha right (hand)
derecho right, legal rights
derrumbar to break down
desabrochado unbuttoned
desafiante challenging
desamparado unprotected
desanimar to discourage
desayuno breakfast
descarado brazen
descolgar to pick up the receiver
desconcertado disconcerted
desconfiar to distrust
desconsoladamente disconsolately, grief-stricken
descubierto discovered, noticed
descubrimiento discovery
descubrir to discover
descuido carelessness
desear to desire, covet
desengañar to disillusion

desentender to ignore
deseo desire
desesperación *f.* desperation, despair
desfigurado disfigured
desgracia misfortune; por — unfortunately
desgraciado miserable, unhappy
desintegrador disintegrating
desinteresadamante disinterestedly, impartially
desnudo nude
despachar to do away with; *coll.* to kill
despavorido terrified
despecho: por — out of spite
despedida leave-taking, farewell
despedir to fire, dismiss
despejar to clear out
desperdigar to scatter
despertar to awaken
despreciativo contemptuous
desprecio contempt, scorn
destapar uncork
destrozado shattered
destruir to destroy
desvanecer to swoon
desventajoso disadvantageous
detalle *m.* detail
detener(se) to detain, stop
detrás de behind
devolver to give back
dibujar to draw, sketch, outline
dibujito *dim.* design, drawing
diente *m.* tooth; entre —s muttering
dignamente befittingly
diligencias legal proceedings
dirigir to direct; —se to walk towards; to address oneself
disco record
discretamente discreetly
disculpar(se) to excuse (oneself)
disforme huge

disgusto displeasure, unpleasantness

disimular pretend otherwise

disimulo pretense, disguise

disparar to shoot

disparatado nonsensically

disparate *m.* nonsense

disparo shot (*of a gun*)

disponer(se) to be inclined; to arrange

dispuesto ready, disposed

distinto different

doblar to turn (a corner)

doblemente doubly, twofold

doler to hurt

dolido hurt

doctorado doctorate degree

dominar to control, dominate

doncella housekeeper, maid

duda doubt

dudar to doubt

dueño owner

durar to last

duro 5 *pesetas*

E

¡ea! *exclam.* there!

echar: — de menos to miss

edad *f.* age

educado polite, well-bred

ejemplo example

elevar to raise

emocionado touched (emotionally)

empañar to besmirch, tarnish

empleado employee

emplear to use, employ

empujar to shove

enajenar to transfer property

enamorado in love

encantar to enchant, fascinate

encanto enchantment, allure, charm

encender to light

encerrar to lock up

encima on top (of it all)

encogerse to shrug

enemigo enemy

enfermedad *f.* illness

enfrascar to be deeply engrossed *or* absorbed

enfriar to chill

engañar to deceive

engaño deceit

enjaulado caged in

enlutado in mourning

enmudecer to be silent

enojoso troublesome

entero self-composed

enterarse to find out

entereza fortitude, presence of mind

entierro burial

entre between

entrecortadamente on and off, intermittently

entregar to submit, turn over

entrenar to train, practise

envoltura physical body

envolver to beset

envuelto involved, wrapped up

equilibrio equilibrium; sostener en — to balance

equipo equipment

equivocarse to be mistaken

escándalo scandal

escape *m.* exhaust

escena stage

escéptico skeptical

escoger to choose

escopeta shotgun

escrúpulo scruple

escrupuloso scrupulous, choosy

escuchar to listen, hear

espalda back

espantoso dreadful

específico patent medicine

espectáculo spectacle, show, performance

espejo mirror

esperanza hope

esperanzador: lo — the hope

espiar to spy on

espíritu m. spirit

esquina corner (of a street)

establecer to establish

estación f. station

estafador m. swindler

estilo style

estrechar: — entre los brazos to embrace

estremecedor terrifying

estremecido trembling, shaken up

estremecimiento shudder

estrenar to debut

estupor m. stupor

evasivamente evasively

evitar to avoid, prevent

excluido excluded

exclusivo exclusive prerogative or privilege

éxito success

extinguir to fade away

extraer to extract, pull out

extrañadísimo aug. of extrañado

extrañado wondering, perplexed, surprised

extrañar to surprise

extraño strange

F

facilitar to make easy

factible practical

falda skirt

falso: lo — deceitfulness

falta mistake

faltar: hacer — to need, lack

fallar to miss, fail, make a mistake

fama reputation, fame

fantasma m. ghost

fase f. phase

fastidio vexation, irritation, annoyance

fe f. faith; de mala — in bad faith

felicidad f. happiness

felicitar to congratulate

feroz fierce, intense

fiar to confide, trust

fidelidad f. faithfulness

fiebre f. fever

fiel faithful

figurar to imagine

fijamente fixedly

fijar to notice

fijo: de — positively

filósofo philosopher (here, philosophically)

fin m. end; al — y al cabo after all; ¡en —! well!

firma business firm

físico physical; physical being

fondo distance, background; en el — down deep

foro upstage flat

fotógrafo photographer

fracaso breakdown

francés m. French

frasco vial, bottle

frase f. phrase, sentence

frenazo screeching brake

frente: de — facing

fresco cool

frialdad f. coldness

fríamente coldly

frívolo frivolous

fuego fire; hacer — to fire (firearms)

fuera outside; por — on the surface

fuerte strong, loud

fuerza strength, force

fugarse to elope

fundar to found, establish
fundirse to fuse

G

garganta throat
género kind, type
gesto gesture
giro turn
glacial frigidly
golpe *m.* blow, thud; **de un —** all at once
golpear to pat
gorra cap
gota drop
gozar to enjoy
gracia gracefulness
gratis free
gratuitamente disinterestedly, without recompense
grave serious
grito cry, shout
guardar to keep, store up, save
guardarse to fulfill one's duty; to watch oneself
guardia *m.* policeman; **— motorizado** motorcycle policeman
guerrera short military jacket
gusto taste

H

habitación *f.* room
habituado accustomed
hace: — buen tiempo the weather is good; **no — mucho** not long ago; **— rato** a while ago
hacer: — memoria to remember
halagar to wheedle, coax, flatter
hasta even; **— ahora** see you soon
heredar to inherit
heredero heir
herida wound
herido wounded, hurt

herir to wound
hermana sister
hipo hiccoughs
hojear to flip, leaf through
hombro shoulder
hosco sullen
hotel *m.* private home
hueso bone
huir to flee
¡huy! *exclam.* uh! wow!

I

igual same, identical
ilusión *f.* ambition, illusion
ilusionar to have illusions; to fascinate
impaciencia impatience, anxiety
impaciente impatient
impacto impact (*of a bullet*)
implacable implacable, unsatisfied, unappeasable
imponente striking
impopular unpopular
importar to matter
impresión *f.* impression, effect, pressure
impresionado impressed, moved, affected, upset
imprudencia indiscretion
impudor *m.* shamelessness
inagotable inexhaustible, unending
incertidumbre *f.* uncertainty
inclinar(se) to bend over
incluir to include
incluso including
inconmovible unperturbed
incorporarse to stand up
indemnización *f.* compensation
indicar to indicate, point out
indicio indication, sign, clue
indignado angry, indignant
indignar irritate, anger

indispensable necessary, indispensable
industria industry, business
infiel unfaithful
Infierno Hell
Infinito Infinity
influyente influential
inmediato: lo — the first thing
inquieto disturbed
insensato fool
intención f. intent; con — intentionally
intentar to try
interrumpido interrupted
intimidad f. intimacy
intrasigente uncompromising
inventario inventory
inverosímil unlikely, unreal
invocar to beg, implore
irrellenable that which cannot be refilled
irremediablemente irredeemably, unavoidably
irreprimible irrepressible
irrespetuoso disrespectful
irrisión f. derision, laughing stock
irrisorio ridiculous

J

jadeante panting, breathless
jaqueca headache
jardín m. garden
jefe m. chief
júbilo jubilation
juego: puesto en — put into play, invest
juez m. judge, criminal investigator
juicio judgment
junta society, organization, council
Junta Directiva Board of Directors

juramento oath
jurar to swear
justificar to justify
justo justified

L

labios lips, mouth
lado side
ladrar to bark
ladrido barking
lágrima tear
lamentablemente pitifully
lamentar to regret
lámpara lamp
largo long
latente quiescent
lavar to wash
leal loyal
lectura reading
lenguaje m. language
lentamente slowly
leve slight
levemente slightly, lightly
ley f. law
librar to free, liberate
libre free
librería bookcases, private library
ligero light, light-spirited
limpio clean
lío trouble, entanglement, connection
listo sharp, alert; los demasiados —s the extremely alert
liviandad f. frivolity
localizar to locate
locutor m. announcer
lograr to succeed
luchar to struggle
luego later, then
lugar m. place, site, scene; en — de instead of
lujo luxury
luna moon

luto mourning
luz *f. pl.* luces light

LL

llama flame
llave *f.* key
llevadero bearable, light
llevar to lead; to take; to accompany; to wear (*clothes*); — la contraria to do the opposite; — al día to keep up to date

M

madurar to ripen
malhumor *m.* ill-humor
malvender to sell at a loss
mancha stain
Mandamiento Commandment
manejar to operate, handle
manipular to handle
marcar to dial
marido husband
marmota woodchuck; (*coll. & derogatory*) maid
máscara mask; *coll.* ugly face
matar to kill
medida measure
medio half, means
medir to measure
mejilla cheek
menos less, least; — mal it's just as well; por lo — at least
mentalmente subconsciously
mente *f.* mind
mentir to lie
mentira lie, falsehood
merecer to deserve
metafóricamente metaphorically
meter to put; to involve; —se to put *or* get oneself
metro meter (*slightly more than a yard*)
mezquino petty

miedo fear
mienta *subj. of* mentir
mirada glance
misa mass
misericordia mercy
mismo same, same one; sí — oneself
mitigado dimmed
modales *m. pl.* breeding, manners
modificar to change
molestar to bother
molestia bother, nuisance
molesto disturbed
momento: de un — a otro at any moment
moneda coin
monstruo monster
montón: del — nothing exceptional, quite ordinary
morboso morbid
mostrar to show
motive reason, motive
moto *f.* motorcycle
motorista *m. here* motorcycle police
móvil motive
muebles *m. pl.* furniture
muerte *f.* death
muerto dead, corpse
mujer *f.* woman
multa ticket (citation)
mundo world; tenían más — were more worldly
munciones *f. pl.* ammunition

N

nada nothing; — más to be sure
necesidad: de — necessarily
negar(se) to refuse, deny; to disagree
negocios *pl.* business, transactions
nevera icebox

nieto grandson
nimbado with a halo
Nochebuena Christmas eve
nombre *m.* name
noticiario newsreel
nuevo: de — again

O

obedecer to obey
obligar to oblige; to force
ocultar to hide
oculto hidden
ocuparse to be concerned
ocurrir to strike one (as an idea)
odiar to detest, abhor
odio hatred
ofuscación *f.* confused reasoning
oído ear
ojeador *m.* beater for game
olvidar(se) to forget
onda sound wave
ondulación *f.* wave, permanent (hairsetting)
operación *f.* operation, undertaking
oración *f.* prayer
orden *f.* order; a la — at your orders
ordenar to arrange
Orfeo Orpheus (*A musician who descended to Hades in a futile attempt to lead his wife, Eurydice, back to earth by singing to Pluto.*)
orilla shore
oscuridad *f.* darkness
oscuro dark

P

pálido pallid
palmar *coll.* to die

pantalla lamp shade
pañuelo handkerchief
paquete *m.* package
par: a la — in kind, equally
parar to stop
pared *f.* wall
pareja pair
parienta *coll.* wife
parte *f.* de mi — on my side
parte *m.* announcement; — meteorológico weather report
paternalmente paternally
participación *f.* share
partida decision
partido ball game
partir to depart
pasado past
pasión *f.* passion, feeling
paso step
pata *coll.* leg
pecado sin
pecador *m.* sinner
pedazo piece
pena: valer la — to be worth-while
pegar: — un tiro to take a shot
película film
peligro danger
peligroso dangerous
pelo hair
peluquero hairdresser
pena anguish, sorrow
pensamiento thoughts
pensativo pensive
peña social *or* cultural club
pequeño little
pérdida loss
periódico newspaper
permanecer to remain
permiso permission
perro dog
perseguir to pursue
personaje *m.* character, personage
personal *m. coll.* people
pertenecer to belong

pesadamente heavily
pesar: a — de in spite of
peseta *Spain's monetary unit.
One* **peseta** *equals about two
cents.*
pésimo very bad
peso weight
picar to pique; to sting
piedad *f.* pity
piedra stone
piel *f.* fur piece
pintar to paint
pintura painting
piropo compliment (*paid to a
woman*)
pisada step
pisar to step on, trample
pitillera cigarette case
plana page
planchar to iron
plata silver
playa beach
plazo installment, period of time
pleno full
pobrecilla poor girl
poder *m.* power
podrir to rot
pollo young bee; *coll.* clever
young man
porcelanas chinaware
postizo artificial
póstumo posthumous
precedente precedent, tradition
precioso lovely, precious
precipitadamente hurriedly
preciso precise
pregunta question
premio reward, prize
prensa press
preocupado worried, concerned
preocuparse to worry
presenciar to witness
presentar to introduce, present
presentimiento presentiment,

prestar to extend, lend, render
presumir to pretend; **to aspire
to; to boast**
pretender to expect
pretexto pretence, excuse
prevenir to forewarn
previsto: *p.p. of* **prever** to pre-
meditate, anticipate
primavera spring
principios beginning
probar to try; to prove
procurar to try; to provide
profiláctica protective
prójimo neighbor
promesa promise
propio proper
proponer to propose
proporcionar to hand over, give
prospecto prospectus
protagonista principal figure,
protagonist
proteger(se) to protect
proveer to provide
provincia province, rural area
pueblo village
puerta door
puesto *p.p. of* **poner** to put,
place
puntería marksmanship
punto: a — in its time

Q

quedar to remain, stay; **— en** to
agree on
quejar(se) to complain
quemar to burn
quepa *subj. of* **caber** to fit; to
enter into
quicio door-jamb
quieto still
quitar(se) to take away, to take off
quizá perhaps

R

raro rare; **lo —** the strange part of it
rato a while
raza breed
razón *f.* reason; **tener —** to be right
reaccionar to react
reanudar to reunite
reavivar to rekindle
rebeca cardigan sweater
recado message
recelo suspicion
recibir to receive
recien recent
reclamar to reclaim
recobrar to recover
recoger to pick up
reconocer to recognize, acknowledge, admit
recordar to remember, remind
recorrer to go over
rectificar to correct
recuerdo memory
recuperar to recover
rechazar to reject
referencia account, report
referirse to refer
reflejo reflection
regalar to make a gift
reglamentario according to regulations
regresar to return
reloj *m.* clock
relucir: salir a — to come out in the open
rellenar to fill
rencoroso rancorous, resentful
rendir to yield (income)
renglón *m.* line
renta rental income
renunciar to give up, renounce
reparar to notice, observe

repartidor distributor
reparto cast (*of a play*)
repeler to repel
repente: de — suddenly
reponer to replace; **—se** to come to life
reposado calm
reproche *m.* reproach
requetebién quite all right
resbalar to slip off
reserva: — de amor reserve *or* reservoir of love
resignarse to resign onself
resistirse to resist, refuse
respaldo back rest
respecto: — a with respect to
respetuosamente respectfully
resplandor *m.* brilliance, light
resquebrajarse to crack, break apart
resto remainder
resueltamente resolved
resuelto prepared, resolved
resultar to result; to turn out
retirada retreat
retirar to pull back, withdraw
retraso delay
revista magazine
revivir to resuscitate, revive
rezar to pray
risa laughter
rogar to beg
ropa clothing
roto *p.p. of* **romper** to break, break off
rozar to brush against
ruboroso blushing
ruido noise
rumor *m.* noise

S

sábana bedsheet
saber to taste, to know

saldar to liquidate (debts)
sales *f.* smelling salts
salir to go out; — a to take after
salón *m.* living room
saltar to jump; to shatter, explode
salto leap
saludar to greet
salvar to save
sangre *f.* blood
sano healthy
santiguarse to cross oneself
secamente dryly
secar to dry
seco dry, dryly
«secretaire» secretary, desk
seguida: en — immediately
seguramente certainly
sencillo simple
sensiblement perceptibly
sentenciosio sententious, terse
sentido sense
sentimental emotional
señalar to point out
seriedad *f.* solemnness
seudónimo pseudonym, professional name
si: — no que but
siglo century
siguiente following
sílaba syllable
sillón *m.* armchair
simple *f.* simple girl
simpleza simpleness
sintonizar to tune in
siquiera even
sirena siren
sitio place
situación *f.* position
situar(se) to place (oneself)
smoking *m.* tuxedo
sobresaltado startled
sobrevivir to outlive
sobrino nephew

solas: a — alone
solitario solitaire (diamond)
soltar to let loose
soltera spinster
soltero bachelor
sollozar to sob
sombra shadow, shade
sombrío somber
sonar to ring
sonido sound
sonreír to smile
soñar to dream
soplo gust
soportar to tolerate, bear
sordamente muffled
sordo deaf
sorprendido surprised
sospechar to suspect
sostener to hold up; — en equilibrio to balance
suavidad: con — softly
suavizar to soften up
subido raised, lifted
súbitamente suddenly
suceder to happen; —se to succeed one another
sucesivamente successively
suceso event
suele: — ser it is usually
suelo floor, ground
sueño dream
suerte *f.* luck
sufrir to suffer
sujetar to grasp
suma sum
sumar to add
suminstro supply
sumiso submissive, meek
superviviente *m. or f.* surviver
suplicar to beg
suponer to suppose
suspenso still, in suspense
suspiro sigh
susto fright

T

tamaño size
tampoco neither, nor
tanto so much, as much; **por lo — ** therefore
tapar to cover
tapón *m.* cork (*of a bottle*)
taponazo popping of a cork
tardar to be late; to delay
techo ceiling
telón *m.* curtain
tema *m.* theme, subject
temerario reckless
temporada season, spell
teniente *m.* lieutenant
tentación *f.* temptation
terminar to end, finish; **por —** so as to end (the matter)
término: segundo — upstage
ternura compassion
testamento will, testament
testigo witness
tifus *m.* typhoid fever
tila linden tea
timbre *m.* bell
tirado stretched out
tirador *m.* sharpshooter, trap-shooter
tirar to throw; to shoot
título title
tocar(se) to touch
tolerar to tolerate
tontería nonsense, absurdity
tonto fool
torpísimo very stupid
tráfico *coll.* traffic policeman
trago swallow
trámite *m.* transaction
trance *m.* critical moment
transcurrir to transpire, pass
transporte *m.* transportation
trampa trap, trick

trapo rag
tratar: — de to try
trayectoria trajectory, line of fire
trémulo trembling
trimestral quarterly
tristeza sadness
triunfo triumph
turbado upset

U

ultraterreno outer-space
unidad *f.* unity
uso: en — de by the use of
utilizar to use

V

vacilar to waver, vacillate
vacío empty
vagamente vaguely
valor *m.* courage
¡vamos! let's go! come!
vanidad *f.* vanity
vecindad *f.* neighborhood
vecino neighbor
vejez *f.* old age
**vela: en — ** watching over (someone)
velador séance table; **hacer —** to have a séance
velita *dim. of* **vela** candle
vena vein
vencer to overcome
vengador *m.* avenger
ventanal *m.* picture window
ventanilla small office window
ventear to sniff, smell
ver *m.* appearance, looks
veraneo summer vacation
verano summer
verdad *f.* truth
vergonzoso shameful

verso verse, poetry

vestido dress; — de noche evening gown

vez *f.* time; una — y otra over and over again; de una — once and for all; por primera — for the first time

viaje *m.* voyage

vicio vice

vida life

vidrios glassware

vieja old woman

viento wind

vindicación *f.* vindication

Virgen Santa Holy Virgin

visto *p.p. of* ver to see; por lo — obviously

vistoso spectacular, showy

viuda widow

vivo alive

volcán *m.* volcano

volver to return; — a again

voz *f.* voice; — baja whisper

vuelta turn; dar —s to turn over and over; dar una — take a stroll

Y

yendo *pres. p. of* ir to go